www.tredition.de

AF196347

Stefan Melneczuk ist Redakteur, Schriftsteller und Romantiker, lebt in Hattingen an der Ruhr und kam dort am 31. Oktober 1970 zur Welt. Seit 1985 ist er literarisch unterwegs und wurde mehrfach ausgezeichnet – unter anderem beim Treffen Junger Autoren in Berlin, bei den Hattinger Literaturtagen und an der Ruhr-Universität Bochum. Dort hat er in den 90er Jahren Geschichte, Germanistik und Politik studiert.

Nach einem Volontariat bei einer großen Tageszeitung hat er von 1999 bis 2014 im Hauptberuf als Journalist gearbeitet und ab 2007 Thriller und Short-Story-Bände beim BLITZ Verlag veröffentlicht. Seit 2014 ist Stefan Melneczuk als Redakteur in der Unternehmenskommunikation im Einsatz. *Schatz gesucht!* ist sein erstes Sachbuch: Seit Kinder- und Teenager-Tagen beschäftigt sich der Autor mehr oder minder intensiv mit der großen Liebe. Und mit der Suche danach.

Mehr zu allen Büchern und Lesungen gibt es im Netz
bei Facebook und unter:
www.rabenstadt.de

Schreiben ist Handwerk.

MEL 1970

Schatz gesucht!

Liebe finden im 21. Jahrhundert.

www.tredition.de

Redaktioneller Hinweis: Die in diesem Buch dokumentierten Kontakte auf Dating-Plattformen sind so dargestellt, dass sie keinen Rückschluss auf Personen oder deren Wohnorte zulassen. Die aufgeführten Alias-Namen stehen in keinem persönlichen Bezug oder sind – wie bei den zitierten Fake-Mails angegeben – fiktiven Ursprungs. Ähnlichkeiten mit konkreten Personen sind zufällig und unbeabsichtigt. Gleiches gilt für den Alias-Namen, den der Autor als Plattform-Nutzer verwendet hat.

© 2020 Stefan Melneczuk, Hattingen
www.rabenstadt.de

Verlag und Druck: tredition GmbH, Halenreie 40-44, 22359 Hamburg

Artwork: & Cover: Frielinghaus Design, 45549 Sprockhövel

Foto auf Seite 208, *Walk on!*
Dieter DJ Jaeschke, fotografiert in Nevada/USA 10/1997.

ISBN
Paperback: 978-3-347-04332-9
Hardcover: 978-3-347-09891-6
e-Book: 978-3-347-04334-3

Für Tanja, meinen Sonnenschein.

TRACKLIST

ZWEITER TEIL
MISSION DOPPELHERZ
PARTNERSUCHE OFFLINE

DRITTER TEIL
LANDEBAHN IN SICHT!
SCHATZSUCHE ACCOMPLISHED

EINE FRAGE.

Willst du in der Liebe auch nicht länger aus dem Koffer leben
und ganz auf dich gestellt durch fremde Länder ziehen?
Dann lass uns die Reise nach Hause gemeinsam beenden.

EINE ANTWORT.

Dieses Buch wurde für alle Singles zwischen
20 und 100 geschrieben, für die bei der Partnersuche
Niveau keine Handcreme und Interpunktion
keine ansteckende Krankheit oder schmerzhafte Heilmethode ist.

EIN RAT.

Definiert euch auf eurem Weg zu einer neuen Liebe
niemals über das, was euch fehlt, sondern immer über das,
was ihr im Leben gemeinsam erreichen wollt.

... UND EIN FUNKSPRUCH:

Hallo Planet Erde – gibt es irgendwo intelligentes Leben
da draußen?

Liebe überredet nicht.
Liebe überwältigt.

ALLES LIEBE!?
READY FOR BOARDING!

Das Ausbleiben von Glück
bedeutet nicht Pech.

LÄSST SICH LIEBE KONFIGURIEREN?

Wer mal einen Neuwagen oder eine Küche nach Maß bestellt hat, kennt diese Frage: Welche Ausstattung soll das Traumauto oder die Traumküche bitteschön haben? Auf dem Weg zum Ziel konfigurieren wir dann wie die Weltmeister. Und stellen uns hübsche Pakete zusammen, damit wir uns mit dem Produkt unserer Wahl auch wohlfühlen. Wir gleichen Features ab, wir freuen uns über Paketlösungen und überlassen nichts mehr dem Zufall. Kein Geheimnis: Individualität schlägt Masse und hat mitunter ihren Preis.

Im Internet-Zeitalter hat sich das Konfigurieren vereinfacht, beschleunigt und auf diverse andere Produkte ausgeweitet. Wohnungen, Häuser, Autos und Reisen konfigurieren wir ebenso bequem von zu Hause aus wie den Traumjob oder das ganz persönliche weil individuell bedruckte T-Shirt für den nächsten Urlaub. Und selbst bei der Suche nach dem Partner fürs Leben haben wir im Netz mittlerweile die Qual der Wahl: Wie groß soll der Traummann sein? Welche Haarfarbe darf die Traumfrau haben? Welches Hobby? Welchen Beruf? Welche Vorlieben und welche Abneigungen? Welche Vorgeschichte ist okay? Und welche nicht?

PARTNERSUCHE IM SHOPPING-MODUS.

Der Rückgriff auf eine Partnerbörse im Internet hat was von einer Shopping-Tour im Online-Kaufhaus: Wir bekommen einen ebenso bunten wie stattlichen Blätter-Katalog geboten, in dem wir uns schon beim ersten Streifzug stundenlang verlieren können. Nur mit dem Unterschied, dass uns nicht Produkte, sondern Frauen oder Männer vorgeschlagen werden. Präsentiert werden Fotos, Features und *technische Daten*. Und was uns in der ersten Auswahl gefällt, das legen wir per Mausklick in den Warenkorb, für später, sobald es zum Bestellvorgang geht.

Liebe 4.0! Das Internet hat viele Lebensbereiche innerhalb weniger Jahre grundlegend verändert. Das zeigt sich gerade auch beim digitalen Miteinander in Krisenzeiten, mit Macht im Zeichen von Corona. Da ist die Suche nach dem passenden Partner oder der passenden Partnerin keine Ausnahme. Single-Börsen im Netz sind eine Branche, mit der sich wirtschaften lässt. Hunderte Plattformen werden Schätzungen zufolge in Deutschland mittlerweile genutzt. Dazu gehören ganz große wie ganz kleine, ganz seriöse wie ganz unseriöse. Das beginnt bei Platzhirschen, die mit smarten Plakaten und TV-Clips Werbung damit machen, dass sich Singles mit Niveau und ihrem Stand entsprechend gleich im Minutentakt bei ihnen verlieben. Und es endet bei Anbietern, die einfach nur die Chance bieten, im Netz Menschen kennenzulernen. Eine Frau oder einen Mann, mit der oder mit dem vielleicht mehr möglich ist als einfach nur eine Freundschaft.

MIT KRAFT ANS WERK: COMPUTERLIEBE!

Die Band Kraftwerk hat es schon in den 70er Jahren prophezeit: *Computerliebe* wird in der Zukunft einen hohen Stellenwert haben, wenn es darum geht, der Einsamkeit zu entkommen, sobald es draußen und drinnen dunkel wird: In dem gleichnamigen Song sitzt ein junger Mann abends alleine zu Hause, sucht ein Rendezvous – und setzt sich dazu an seinen Bildschirm. Kein Zweifel: Für viele Singles ist das Internet mit der Zeit zur Projektionsfläche ihrer schönsten Träume, größten Wünsche und tiefsten Sehnsüchte geworden. Und die Dating-Plattformen funktionieren wie Beamer, die das Bild im Großformat an jede Wand werfen. *Das Geschäft mit der Sehnsucht* ist als Schlagzeile immer wieder zu lesen, sobald es um Liebe 4.0 geht. Und wie bei allem anderen hat man es auch bei der digitalen Partnersuche selbst in der Hand, wie weit man geht. Vorsicht und Weitsicht sind in jedem Fall geboten. Zum Beispiel, wenn es um Fake-Profile im Netz geht. Sie gaukeln dem Betrachter ein Gegenüber vor, das es in dieser Form überhaupt nicht gibt: Online kann man es schnell mit professionellen Lügnern zu tun bekommen. Im Auftrag unseriöser Anbieter locken sie Frauen und Männer auf deren Plattformen und verleiten sie dazu, viel Geld in die Suche nach Liebe zu investieren oder auf fremde Konten zu überweisen. Nehmen wir uns deshalb diesen Klassiker zu Herzen, bevor wir aufbrechen: *Vertrauen ist gut. Kontrolle ist besser.*

Einfach nur! Alleine in Deutschland sind schätzungsweise gut acht Millionen Frauen und Männer regelmäßig auf Dating-Portalen unterwegs. Weltweit sind es mehr als 400 Millionen. Das reicht quer durch alle Schichten und quer durch alle Altersgruppen. Und so groß diese Masse auch ist, so unterschiedlich sind ihre Beweggründe und Ziele. Die einen suchen online die ganz große Liebe, die anderen eine schnelle Affäre oder *einfach nur* einen

Freizeitpartner. Oder man begegnet Frauen und Männern, die im Netz *einfach nur* ihren Marktwert testen oder Komplimente einsammeln wollen, die sie zu Hause nicht (mehr) bekommen. Andere wiederum haben *einfach nur* Gefallen daran gefunden, das Internet als Straßencafé-Ersatz zu benutzen und vom sicheren Tisch in der virtuellen Innenstadt aus Leute zu beobachten. In anderen Portalen wiederum bewertet man Frauen und Männer *einfach nur* nach ihrem Foto. Und hebt oder senkt wahlweise den Daumen.

Mit dem *Virtual Love Day*, der am 24. Juli gefeiert wird, gibt es längst ein digitales Pendant zum Valentinstag am 14. Februar. Und in kaum einem anderen Bereich laufen sich so viele unterschiedliche Menschen und Charaktere über den Weg wie bei der Partnersuche im Internet. Das schafft sonst nur der Straßen-, Schienen- und Luftverkehr, wenn es für Millionen Menschen Tag für Tag darum geht, ein ganz bestimmtes Ziel zu erreichen.

HIGHWAY TO LOVE.

In der Tat hat die Partnersuche im Netz viel vom *Höher-Schneller-Weiter* auf unseren Straßen: Da gibt es Verkehrsteilnehmer, die einfach nur unfallfrei an ihr Ziel kommen wollen und sich genau deshalb an die Regeln halten – in der Hoffnung, dass die anderen auf der Autobahn das auch tun. Auf dem *Highway to Love* sind aber auch jede Menge Raser und Spinner unterwegs. Sie geben ohne Rücksicht auf Verluste und Tempolimits Gas. Sie fahren dicht auf, sie drängeln und benutzen gerne mal die Lichthupe. Auch nach PS-Protzen muss man in Single-Börsen nicht lange suchen. Sie glänzen um die Wette und stellen jede Menge Chrom zur Schau. Sie sind stolz auf ihre Spoiler und Alu-Felgen, schätzen Statussymbole, wollen auch auf Partnersuche möglichst unter sich bleiben – und halten sich selbst für die Größten.

Und natürlich gibt es auch auf dem *Highway to Love* die notorischen Mittelstreifen-Fahrer. Die, die Welt um sich herum vergessen und stur ihrem Kurs folgen. Ganz gleich, was hinter, neben und vor ihnen auch passiert. Die Mittelstreifen-Fahrer lieben ihre Komfortzone und halten sich alle Optionen offen. Beim Auffahren auf die Single-Autobahn beschleunigen manche Fahrer dagegen wie die Irren und pfeifen beim Einfädeln auf jeden Sicherheitsabstand. Andere wiederum sind mangels Fahrtpraxis so zaghaft unterwegs, dass sie große Mühe haben, sich einzureihen und auch mal Gas zu geben, wenn es die Umstände erfordern. Von denen, die auf ihrem Weg kilometerlange Ölspuren hinterlassen, mal ganz zu schweigen. So aalglatt, dass man ins Rutschen kommt, wenn man nicht aufpasst und rechtzeitig ausweicht.

Manche Fahrer auf dem *Highway to Love* sind chronisch übermüdet und nach einer Trennung mit fast leerem Tank oder angeschlagenem Motor auf der Bahn unterwegs. Und fragen sich, warum sie schon nach wenigen Kilometern liegen bleiben. Im Gegensatz zu jenen Fahrerinnen und Fahrern, die stets mit vollem Tank unterwegs sind und sich immer nur auf ihr Navi verlassen, ohne nach links und rechts zu schauen, wohl wissend, dass sie ohne den Helfer an ihrer Seite aufgeschmissen wären. Wer nimmt sich heute noch Zeit und studiert in Ruhe Landkarten auf der Suche nach dem besten Weg?

DISPLAY-FLIRTS FÜR DIE MASSEN.

Das alles ereignet sich in Zeiten hoher Trennungsquoten: Im Netz ist die Generation der Scheidungskinder der 80er und 90er Jahre ebenso unterwegs wie die Generation, die mit digitalen Medien aufwächst und naturgemäß einen ganz anderen Zugang zu all dem hier hat. Von Liebe 4.0 zu Liebe 40: An Bord kommen auch etliche Ü-40-Singles, die nach einer langen Zeit alleine oder zu zweit einfach wieder ihr Glück suchen. Nach einer herben Trennung vielleicht. Oder nach einem tragischen Verlust durch einen Schicksalsschlag. Oder einfach nur mit Blick darauf, dass man sich als Paar mit den Jahren *auseinander geliebt* hat, die Kinder jetzt groß sind und es Zeit für einen Aufbruch ist. Alles auf Anfang auf dem *Way back into Love.*

IRRE SIND MENSCHLICH.

Hat man mit dir auch schon per E-Mail, per SMS oder im Chat Schluss gemacht? Dann lasse allen Argwohn und jeden *Sturzflug in die Hölle* hinter dir, denn du bist nicht alleine: Umfragen zufolge haben 12 Prozent der Frauen und 88 Prozent der Männer eine Beziehung schon mal auf diesem Weg beendet. Und auch das ist eine Facette von Liebe 4.0: Helden und Schurken beider Geschlechter treffen im Netz ungebremst aufeinander. Sie wohnen auch online Tür an Tür und sind oft erst auf den zweiten Blick als solche zu erkennen. *Irre sind menschlich!* Quer durch alle Semester sind Freaks im Netz unterwegs, die für so manche Anekdote gut sind. Und auch das kann helfen, den eigenen Blick zu schärfen und sich selbst darüber klar zu werden, was man online eigentlich sucht. Und was nicht.

Um Glaubensfragen wird es in diesem Buch immer wieder gehen. Da gibt es keinen Unterschied zwischen der digitalen Partnersuche im Netz oder ganz klassisch auf dem analogen Weg jenseits aller Bildschirme und Displays: Warum wirken Schurken auf Frauen eigentlich besonders anziehend? Wecken sie den Wunsch, ihn zu zähmen und für immer für sich zu gewinnen? Haben es attraktive Frauen wirklich besonders schwer, online wie offline einen gescheiten Partner zu finden, weil sich von den Vernünftigen einfach niemand traut, sie anzusprechen? Weil sie immer nur auf ihr Aussehen reduziert werden? Hat man dich im Netz auch schon mal gesperrt oder *entfreundet*? Sind dir dort auch schon mal Menschen entglitten, ohne die Frage nach dem *Warum* zu beantworten?

NUR WER SUCHT, DER FINDET AUCH.

Und damit haben wir unser Reisegepäck auch schon beisammen: Das hier ist ein Buch für alle, die auf der Suche sind. Ganz gleich, ob digital oder analog. Und ein Buch für alle, die (schon einmal) gefunden haben. Wann und wo auch immer. Den Stein der Weisen haben auch diese Seiten nicht zu bieten. Aber den Blick fürs Detail und für so manche Erfahrung, die tausende andere Singles auch machen. Am Bildschirm daheim, im Café um die Ecke, bei der Arbeit, im Freundeskreis, in der Familie, in der Nachbarschaft und auf dem Smartphone-Display.

Da ist es gut zu wissen, dass viele andere Flugzeuge auf gleichem Kurs durch den Nebel fliegen. Gerade das Netz ermöglicht es Pilotinnen und Piloten, sich einfach mal auszutauschen: Manchmal hilft dabei schon die Erkenntnis, dass man sich nicht alleine durch Turbulenzen kämpft. Und dass es da draußen Alliierte gibt, denen es online exakt so ergeht wie dir selbst. Dann erreichen dich per Mail Funksprüche wie diese hier: *Hallo! Ich suche genauso ernsthaft wie du!* Und: *Mir ist so was auch schon passiert!* Oder: *Mich treibt das hier ebenfalls in den Wahnsinn!*

READY TO TAKE OFF!

Auf exakt diesem Kurs ist das Buch hier entstanden. Den Anfang machten Notizen eines Single-Mannes um die 40, der einfach mal aufgeschrieben hat, was ihm im Netz so alles widerfahren ist auf der Suche nach Liebe. Aus Notizen wurden mit der Zeit Kapitel, und irgendwann war klar, dass es bei deren Zusammenfassung Copilotinnen und Testleserinnen braucht, damit diese Seiten eben nicht nur die Männersicht zeigen.

Um dieses Buch zu schreiben, wurde fünf Jahre lang recherchiert, beobachtet und dokumentiert. Ich war in kostenlosen Partnerbörsen ebenso unterwegs wie in welchen, die Geld verlangen, damit man Teil ihrer Community wird. Ich habe mir von Single-Frauen online und offline erzählen lassen, was sie mit ihren Dating-Profilen so alles erlebt haben. Einige von ihnen wurden natürlich vorsichtig, als sie hörten, dass ich an einem Buch über die Partnersuche im 21. Jahrhundert arbeite. Sie tauten in der Regel erst dann auf, als ich ihnen versichert habe, dass ich weder Namen noch Wohnorte offenbare. Und dass es mir in erster Linie um Verhaltensmuster geht, die sich immer dann zeigen, wenn Männer auf Frauen treffen und Frauen auf Männer. Und auch so manche Anekdote hat auf diese Weise den Weg ins Buch gefunden.

Und die Herren der Schöpfung? Die sind in der Regel schweigsam, sobald es um ihren persönlichen Suchmodus geht. Aber zum Glück nicht alle: Ein schreibender Kollege zum Beispiel, der ebenfalls lange online nach der Frau fürs Leben gesucht hat, hat mir genau das bestätigt, was ich online und offline selbst immer wieder beobachtet habe. Zuweilen hat er mir aber auch beherzt widersprochen – und war mir damit eine große Hilfe.

Diese Seiten richten sich also an Frauen und Männer gleichermaßen. In der Badewanne lassen sie sich ebenso lesen wie in der Mittagspause, im Strandkorb, in einer Klinik für gebrochene Herzen oder beim Frauenabend mit Schokolade und Rotwein. Tipps zur Partnersuche mit Anspruch gibt es hier ebenso wie Momentaufnahmen aus dem prallen Leben – mal schräg, mal nachdenklich. Das alles kann helfen, Klippen zu umschiffen und vor Schlaglöchern auf dem *Highway to Love* rechtzeitig zu bremsen, *bevor* der

Wagen aufsetzt und in die Werkstatt muss. Wir ersparen uns hier ein Ranking von Single-Plattformen und Empfehlungen für bestimmte Anbieter. Dafür ist das Feld viel zu weit und jede Partnersuche viel zu individuell.

Nur eine kleine große Bitte gibt es hier, bevor wir gemeinsam aufbrechen in unendliche Weiten. In der Hoffnung, da draußen doch noch intelligentes Leben zu finden – und einen Menschen, der das Licht ein paar Watt heller werden lässt, sobald er ins Zimmer kommt: Bleibt auf der Suche nach eurer Entsprechung immer fair und eurem Herzen treu. Ganz egal, wonach ihr auch schaut. Liebe ist alles.

Hallo!

Wie geht es dir? Was ist Ihre Stimmung?
Ich will Sie besser erkennen. Ich suche den Person online
für die ernsten Beziehungen. Ich habe den Wunsch,
dich kennenzulernen. Ich, die freie Frau, und ich habe
die Kinder nicht. Ich bin freundlich und friedlich Mädchen.

Ich denke, dass du nicht der Perverse. Und du wirst die intimen
Foto nicht erbitten. Ich glaube, dass Sie der gute Person.

ERSTER TEIL
LIEBE 4.0.
PARTNERSUCHE ONLINE

Wenn Sie unsere Bekanntschaft unterstützen wirst,
so werde ich dir ausführlicher von mir erzählen.

Ich wollte, dass du ausführlicher von dir auch erzählt hast.
Was ist Ihr Name? Wo kommst du her? Was ist Ihr Alter?

Ich wollte deine Bilder sehen. Sei liebenswürdig, sende mir deine
Fotografien. Ich werde deine Antwort mit Ungeduld warten.

Deine neue Freundin Marina,
in einer Spam-Mail an den Autor.

F(R)ISCH IM NETZ:
DIE ERSTEN SCHRITTE.

Du bist also (wieder) Single, suchst einen Partner und meldest dich auf einem Online-Portal an. Weil du dich aus einer Laune heraus dazu entschieden hast. Oder weil Freunde dir dazu geraten haben. *Hör mal! Der Chris ist jetzt schon seit zwei Jahren mit Michelle zusammen! Die haben sich doch auch im Netz kennengelernt! Und wenn der Chris das kann, dann kannst du das erst recht!* Natürlich wirst auch du schon gehört haben, dass man Liebe meistens dann findet, wenn man gar nicht danach sucht und überhaupt nicht damit rechnet. Das mag in vielen Fällen so sein, aber ein Gesetz ergibt sich daraus nicht. Manchmal muss man seinem Glück auf die Sprünge helfen. Alleine nur die Antennen auszufahren, reicht in der Regel nicht. Man muss dann auch auf Sendung gehen, auf der richtigen Frequenz suchen und eine gemeinsame Wellenlänge finden.

Okay, sagst du dir schließlich, *einen Versuch ist es wert.* Du siehst dich im Netz um, entscheidest dich für eine Single-Plattform, füllst dort deinen Steckbrief aus, lädst passende Bilder hoch – und wartest mehr oder minder gespannt, was jetzt wohl passiert. Bis sich die ersten Singles aus dem digitalen Katalog bei dir melden und mit mehr oder minder lieben Grüßen dein Postfach füllen, greifst du selbst zum Fernglas und klickst dich durch die Vielzahl der Single-Profile. Ganz entspannt, denn schließlich hast auch du jetzt deine Angel ausgeworfen und wartest, dass die ersten Fische anbeißen. Wie man sich im Netz in Wort und Bild ein im wahrsten Sinne des Wortes bemerkenswertes Single-Profil einrichtet, wirst du hier später noch erfahren.

Soweit die Theorie. In der Praxis wird es in der Tat nicht lange dauern, bis die ersten Nachrichten bei dir aufschlagen. Oft sind die ersten Stunden auf der Plattform entscheidend. Kommst du mit der Partnersuche im Netz überhaupt klar? Oder ziehst du dich schon nach kurzer Zeit genervt zurück, weil das Ganze dann doch nichts für dich ist? Da ist es gut, sich vorher Gedanken darüber zu machen, wie das Netz tickt. Wir wissen, dass sich mit der Einsamkeit im Negativen und mit der Hoffnung auf Liebe im Positiven Geld verdienen lässt. Das haben Unternehmen für sich erkannt und Plattformen für einsame Herzen etabliert, die ihr Image und ihren Markenkern beharrlich pflegen und bestimmte Zielgruppen ansprechen. So werden Plattform-Namen klangvoll in Verben gegossen, um zu demonstrieren, dass die Suche nach der großen Liebe in etwa so einfach ist wie eine Fahrt in die Waschstraße am Samstag, damit alles wieder glänzt. Plakate und Clips präsentieren uns ebenso schöne wie entspannte Menschen zu ebenso schöner wie entspannter Musik. Liebe 4.0 in HD.

Und die Zielgruppen werden immer größer: Alleine in Nordrhein-Westfalen gibt es mittlerweile mehr als 3,4 Millionen Single-Haushalte. Den stärksten Anstieg verzeichnet die Altersgruppe zwischen 35 und 64. Das sind Frauen und Männer in den vermeintlich besten Jahren und in einem Lebensabschnitt, der einst für das jahrzehntelange Leben in einer Ehe und mit einer Familie reserviert war. Aber nicht nur auf diesem Gebiet hat sich einiges verändert. Das Arbeitsleben hat sich im digitalen Zeitalter ebenfalls massiv beschleunigt und verlangt immer mehr Mobilität und Flexibilität. Umso größer wird im Gegenzug die Sehnsucht nach festen Wurzeln – und nach einem Anker, der Halt im Leben verspricht. Es ist schon paradox: Niemals zuvor standen uns mehr Kommunikationskanäle zur Verfügung als im digitalen Zeitalter. Niemals zuvor waren mehr Menschen auf verschiedensten Ebenen miteinander vernetzt. Auf der anderen Seite ist Einsamkeit für immer mehr Menschen des 21. Jahrhunderts das bestimmende Thema – und damit auch die Suche nach Wegen hinaus: Alleine in Großbritannien fühlen sich Umfragen zufolge gut 15 Millionen Menschen einsam. Das hat die britische Regierung im Jahr 2018 als weltweit erste dazu veranlasst, ein eigenes Ministerium zu gründen, um Strategien gegen die soziale Isolation und Vereinsamung vor allem älterer Menschen zu entwickeln.

Natürlich ist nicht jeder, der sich einsam fühlt, auf der Suche nach einem Partner. Dennoch sprechen auch diese Zahlen für sich. Und für das gewaltige Potenzial, das Plattformen im Netz für sich beanspruchen, sobald es um die Suche nach Freundschaft und Liebe geht. Oder einfach nur um soziale Kontakte in extremen Zeiten, wie es sich im Zeichen der Corona-Pandemie und der damit verbundenen Isolation über Wochen und Monate gezeigt hat. Weltweit.

Wer alleine ist, muss nicht zwangsläufig einsam sein. Und wer einsam ist, ist alles andere als alleine, sobald es um die für unglückliche Singles wohl kritischste Zeit geht – vor Weihnachten und anderen Feiertagen, im Frühling oder ganz klassisch zum Jahreswechsel. Dann geht es bei den Neuanmeldungen auf Online-Plattformen zuweilen zu wie in einem Taubenschlag. Und ein Ende der Entwicklung ist nicht abzusehen, was den Betreibern von Single-Börsen in die Karten spielt: Ehepaare, die sich nach mehr als 40 gemeinsamen Jahren getrennt haben, finden sich bei den Neuzugängen im Netz ebenso wieder wie Newcomer ohne solche Erfahrung. Bis hin zum ewigen Junggesellen, der einfach nicht länger der ewige Junggeselle bleiben will.

Was sich bei der digitalen Partnersuche nach ihren Anfängen zum Jahrtausendwechsel so alles verändert hat? Zuerst einmal haben Smartphones und W-LAN Liebe 4.0 tragbar und damit mobil gemacht. Überall lässt sich mit einem Blick aufs Display nun ganz bequem nach dem passenden Gegenstück im Online-Katalog suchen: Im Eiscafé um die Ecke, in der Pause bei der Arbeit oder auch mal im Kino, wenn der Film grottenschlecht ist oder die Werbung vorher gefühlte drei Stunden in Anspruch nimmt, während dein Nebenmann gerade an seinen zwei Kilogramm Popcorn erstickt. Überall lässt sich jetzt mal eben nachschauen, ob neue Singles auf der Plattform unterwegs sind, denen man wahlweise ein Lächeln, ein Herzchen oder direkt ein paar Zeilen schicken kann. Oder ob neue Nachrichten im persönlichen Postfach liegen.

Je nach Anbieter gibt es Schwerpunkte: Auf der einen Plattform dreht sich alles um Sex und Seitensprünge. Auf der anderen Plattform dreht sich dagegen alles um Bekanntschaften und Freizeitkontakte, aus denen eines Tages vielleicht mehr werden könnte. Und dann sind da die Plattformen, auf denen es ganz klassisch um die große Liebe geht. Was niemals ausschließt, dass innerhalb eines Portals die Grenzen fließend sind. Jeder User tickt anders. Das wissen auch die Betreiber seriöser Börsen und begleiten die Kommunikation auf ihren Plattformen deshalb redaktionell. Etwa, um die Einrichtung von Fake-Profilen zu verhindern und um darauf zu achten, dass die Benimmregeln eingehalten und Trolle aus dem Spiel genommen werden, bevor sie Schaden anrichten. Manche Anbieter versprechen dir systematische und damit zielsichere Partnervorschläge – auf Grundlage deines Persönlichkeitsprofils, sofern du bereit bist, ihnen im digitalen Fragebogen etwas von deinen Erwartungen an eine Beziehung und anderes im Leben preiszugeben. So sollst du auf Grundlage von Übereinstimmungen – etwa in Form von *Matching Points* – im Abgleich der Antworten auf der Plattform das optimale Gegenstück finden.

Und auch da verhält es sich wie mit den sozialen Netzwerken: Wie viel man online von sich preisgibt, muss jede(r) für sich selbst entscheiden. Zwingen kann dich niemand. Zum Beispiel, wenn es darum geht, bei der Einrichtung deines Nutzerprofils etwas zu deinem Einkommen oder zu deinem Beruf zu sagen. Deshalb ist es ratsam, sich genau zu überlegen, auf welcher Plattform man sich auf die Suche macht. Testberichte über Online-Portale gibt es genug. Es lohnt sich, sich vor der Schatzsuche etwas Zeit für sie zu nehmen und verschiedene Meinungen zum Thema einzuholen. Was aber in jedem Fall wichtig ist: Auf der Plattform deiner Wahl muss der Schutz deiner Daten unbedingt sichergestellt sein. Online einen Schatz zu suchen, ist so ziemlich das Persönlichste, was man im Internet unternehmen kann. Außerdem ist die redaktionelle Betreuung durch den Plattform-Anbieter unerlässlich. Nur so hast du eine konkrete Anlaufstelle, sollte es unterwegs einmal Probleme geben. Und dann steht einer gepflegten und passgenauen Suche im Netz eigentlich nichts mehr im Weg. Die Anmeldung auf der Plattform ist der erste und entscheidende Schritt. Er legt fest, in welche Richtung du dich bewegst. Doch wie geht das am besten?

PROFIL MIT TIEFE.
DEINE STÄNDIGE VERTRETUNG IM NETZ.

Mit einem Single-Portal verhält es sich wie mit einem Laufschuh: Er muss dir passen und darf nicht zu eng sein. Sonst kommst du auf deinem Weg nicht weit. Bevor du losläufst, musst du die Schuhe gut schnüren – und deine ständige Vertretung im Netz so einrichten, dass sie deinem Typ entspricht. Aber selbst das wird nicht verhindern, dass sich der neue Schuh gerade auf den ersten Metern ungewohnt und fremd anfühlt. Davon nicht abschrecken lassen! Wenn du den Schuh sorgfältig und mit Bedacht ausgewählt hast, wird er dir nutzen. Du musst ihn nur vernünftig einlaufen. Und das am besten erst mal auf kleinen Etappen.

Probiere außerdem verschiedene Schuhmodelle aus: Einige Portale bieten zunächst eine kostenlose Test-Mitgliedschaft an, damit du dir ein eigenes Bild machen kannst, ob das etwas für dich ist. In der Regel kannst du die Funktionen der Plattform dann zwar nur eingeschränkt nutzen, aber für einen ersten Eindruck reicht es allemal. Frage auch Singles im Freundeskreis, welche Laufschuhe sie getragen haben oder immer noch tragen auf ihrer Strecke. Frage sie nach ihren Erfahrungen und lass dir einfach mal ihre Schuhe zeigen. Helfen können dir deine Freunde auch, wenn du dir den passenden Schuh schließlich anziehst. Vielleicht laufen sie auf den ersten Metern sogar an deiner Seite und zeigen dir ein paar Tricks, wie es etwas entspannter geht. Ich bin im Netz immer wieder Singles begegnet, die ihr persönliches Profil mit Hilfe ihrer besten Freundin oder ihres besten Freundes eingerichtet haben. Und das war gut so.

Und dann läufst du los. Zuerst ganz langsam. Lass dich nicht davon beirren, dass viele Läufer auf der Strecke unterwegs sind. Im Gegenteil: Sie können dich inspirieren, und du siehst beim Blick zur Seite manchmal auch, wie die Konkurrenz ihren Laufschuh geschnürt hat. Vergiss niemals: Dein Steckbrief auf der Plattform ist deine Visitenkarte. Er ist der erste Eindruck, den jemand von dir bekommt. In der Regel nimmt der Steckbrief erst nach und nach Form an, was sein Gesamtbild betrifft. Das gilt nicht zuletzt für die Fotos, mit denen sich dein Gegenüber ein Bild von dir machen kann. Und auch dazu später mehr.

In jedem Fall wichtig: Achte bei deinen Aktivitäten im Netz unbedingt auf den Schutz deiner Privatsphäre, was Adressen, Telefonnummern oder Angaben betrifft, die auf deinen Wohnort oder auf deinen Job schließen lassen. Und wenn du welche hast: Schütze deine Kinder! Zeige sie niemals auf Fotos, die jeder sehen kann, der dich auf der Single-Börse online besucht.

Vermeide Angaben, die darauf schließen lassen, wie deine Kinder heißen und wo sie zur Schule oder in den Kindergarten gehen: Letzten Endes weißt du zunächst einmal nicht, wer im Netz wirklich auf der anderen Seite sitzt. Und längst nicht jede(r) da draußen meint es gut mit dir. Naivität ist immer ein Risiko. Wie im *richtigen Leben*. Nach Fake-Profilen muss man im Netz nicht lange suchen: Natürlich interessieren sich auch

Kriminelle für Singles – aus finanziellem oder aus noch ganz anderem Interesse.

Tiefes Misstrauen muss es nicht sein, aber ein gesundes Maß an Vorsicht. Scheue dich deshalb nicht, Steckbriefe, die nicht authentisch wirken, direkt dem Anbieter der Plattform zu melden, damit er sie überprüfen und gegebenenfalls löschen kann. Damit hilfst du dann auch anderen Singles, die im Katalog unterwegs sind. Und ziehe im Fall der Fälle gute Freunde zu Rate: Bitte sie um ihre Einschätzung, sobald dir ein Profil auf den zweiten Blick suspekt vorkommt oder wenn sich dein Gegenüber im Netz in Widersprüchen verstrickt. Das kann dich vor schlechten Erfahrungen schützen. Manchmal ist es wirklich erschreckend, wie leichtgläubig Singles online unterwegs sind und sich im schlimmsten Fall über den Tisch ziehen lassen.

PROFIL MIT ANSPRUCH.
WAS SUCHST DU?

Zu wissen, was man will, bevor man sich auf den Weg macht, ist immer angebracht. So ist das hier ein Plädoyer für das In-sich-gehen, sobald du dich online auf die Suche begibst: Nur, was du wirklich willst, wirst du da draußen auch finden. Und wenn du dein Gegenüber mit Respekt behandelst, sollte er oder sie das ebenfalls tun. Für alles andere fehlt dir schlicht und einfach die Zeit. Gerade an diesem Punkt bietet dir das Netz die Chance, schnell wieder loszulassen, wenn es einfach nicht passt. Und ganz gleich, in welcher Verfassung du gerade auch bist: Locker bleiben hilft beim Laufen immer. Wenn du verkrampft losläufst oder sofort ans persönliche Limit gehst, geht dir emotional schnell die Puste aus, und du riskierst im schlimmsten Fall Verletzungen, mit denen du lange zu tun hast.

Sieh dein Profil auf der Plattform als persönlichen Leuchtturm: Du hast ihn an einer langen Küste errichtet und eingeschaltet. Und du hoffst, dass sein Licht so weit strahlt, dass es einen anderen Leuchtturm da draußen erreicht und mit ihm dann Signale tauscht. Du steigst regelmäßig auf den Turm und schaust nach, ob was in der Ferne zu sehen ist mit Blick aufs Meer. Du siehst in alle Himmelsrichtungen und nimmst bei der Gelegenheit auch die Post mit, die den Leuchtturm in jenen Stunden erreicht hat, als du nicht da warst. Du schaust sie dir in Ruhe an, die Briefe aus dem Postfach, während dein Leuchtsignal wieder in die Nacht da draußen scheint.

Verabschiede dich auf Schatzsuche von jeder Art von Besitzdenken: Findet dich jemand auf der Single-Plattform sympathisch, dann heißt das noch lange nicht, dass mehr daraus wird als einfach nur eine Begegnung, die für spontane Wertschätzung steht. Und für den Umstand, dass da jemand ist, der auf derselben Wellenlänge funkt. Zu einer Partnerschaft gehören immer zwei. Und auch im Internet lässt sich nichts herbei schreiben, selbst wenn der Weg zueinander vermeintlich kürzer ist.

Fakt ist: Du gehörst auch im Netz nur dir selbst und keinem anderen Menschen. Das gilt auch für dein Gegenüber. Eigentlich ist das selbstverständlich, aber angesichts des drastischen Umgangs miteinander, der sich in sozialen Medien und Chats immer wieder zeigt, muss das hier deutlich gesagt werden: Kontakt, Bekanntschaft, Freundschaft und Liebe – das alles ist möglich und macht die Suche online wie offline überhaupt erst spannend. Freue dich deshalb über ein *Ja*. Akzeptiere gleichermaßen aber auch ein *Nein*. Ohne

Diskussion. Nimm dir auf deinem Weg Zeit. Beginne mit kleinen Trainingseinheiten und sieh dich erst mal in Ruhe um. Du wirst deinen eigenen Rhythmus und ein gesundes Maß bei deinen Ausflügen ins Netz finden. Und so spannend die ersten Tage auf der Single-Plattform auch sind: Sie bestimmen fortan nicht dein Leben, auch wenn du Liebe suchst und etwas auf Dauer. Mit dem großen Orchester bekommst du es noch früh genug zu tun, wenn es auf beiden Seiten funkt und wirklich passt.

Einsamkeit kombiniert mit Frust und Verzweiflung ist immer ein schlechter Antrieb, wenn du einen Partner suchst. Sie sind allenfalls die Motivation, etwas an deinem Leben alleine zu ändern.

Sieh deine Anmeldung im Netz deshalb als Chance: Jetzt bist du aktiv geworden und nimmst dein Glück selbst in die Hand. Und auch als Neuling fängst du niemals bei Null an: Du hast deine eigene Geschichte. Du hast im Leben schon eine Menge erreicht und bist damit dein eigener Song. Darauf kannst du stolz sein. Und nun suchst du hier jemanden, der diesen Song mag. Nicht mehr, aber auch nicht weniger.

NÄHE & DISTANZ:
DEIN SUCHRADIUS.

C hemie und Elektrizität sind bei der Partnersuche ausschlaggebend, ganz gleich, was du auch willst. Du suchst die große Liebe und den Volltreffer? Das ist auch im Internet die Königsdisziplin. Es ist niemals auszuschließen, dass du über einen Flirt und Sex mitunter Liebe findest. Was ist heute schon die richtige Reihenfolge? Wer will dir noch länger etwas diktieren – es sei denn, dein Herz hängt an einer Konfession, die dir immer noch vorschreibt, wen und wie du zu lieben hast. Oder du lässt dich auch mit 30, 40 oder 50 Jahren noch von Autoritäten in deiner Familie leiten. Oder von Freunden, die es gut mit dir meinen und die immer noch am besten zu wissen glauben, was zu dir passt. Und was nicht.

Wie auch immer du vorgehst – du brauchst deinen persönlichen Suchradius. Über den äußeren Radius müssen wir hier nicht viele Worte verlieren: Du kannst auf der Plattform gleich bei dir um die Ecke suchen und finden. In deiner eigenen Stadt, vielleicht nur ein paar Häuser weiter. Das ist bequem und erspart euch lange Wege, wenn es funkt. Das kann aber auch gehörig nach hinten losgehen, sollte es nicht passen. Gut möglich, dass ihr euch als Nachbarn danach immer mal wieder über den Weg lauft, obwohl ihr das nach eurer Begegnung im Netz gar nicht mehr wollt – sei es beim Bäcker, beim Arzt, an der Tankstelle, in der Lotto-Annahmestelle oder auch beim Schützenfest auf der Dorfwiese.

Modern Stalking. Wenn die Grenzen von Anfang an klar sind und man vernünftig miteinander umgeht, ist auch das kein Problem. Was aber tun, wenn man es mit einem Stalker in männlicher oder weiblicher Form zu tun bekommt? Das Netz ermöglicht *Modern Stalking* in einer Art und Weise, die das analoge Nachstellen bei weitem übertrifft. Deshalb: Gerade bei einem engen Suchkreis in der näheren Umgebung sollte man sich online gut genug kennengelernt haben, um zu wissen, woran man ist, bevor man sich live trifft.

Safety first! Wer im Netz anständig unterwegs ist, hat überhaupt kein Problem damit, wenn die andere Seite mit Blick auf ein Date gerade am Anfang gesunde Vorsicht walten lässt – nicht zu verwechseln mit ungesundem Misstrauen. Schauspieler und Lügner gibt es da draußen schließlich genug. Zum engen Suchkreis gehört natürlich auch eine Portion Glück. Und es stellt sich mitunter die Frage, warum man es eigentlich nicht geschafft hat, sich schon vorher über den Weg zu laufen. Aber wenn es wirklich funkt im selben Dorf, in derselben Stadt oder auf derselben Insel, ist alles perfekt: Punktlandung! Glückwunsch!

Vieles spricht bei der Partnersuche im Netz für einen mittleren Suchkreis. Ein Online-Kontakt in 20, 30 oder 40 Kilometern Entfernung ist in dieser Hinsicht weitaus entspannter – auch wenn hier natürlich dieselbe Vorsicht geboten ist am Anfang.

Dir kann es außerdem passieren, dass du einen Menschen im Netz spannend findest, der sehr weit weg lebt – wie eben im *richtigen Leben*. Wie sieht in diesem Fall dann dein persönlicher Suchkreis aus? Ist eine Fernbeziehung grundsätzlich kein Problem für dich? Nur für die ersten Monate oder auch auf Dauer? Brauchst du vielleicht sogar diese Form von Nähe und Distanz? Tut sie dir und deiner Liebe gut? Gerade hier bietet das Netz die Chance, Menschen in der Ferne zu finden, denen du da draußen sonst nur mit viel Glück über den Weg laufen würdest – wenn die Sterne hoch über euch richtig stehen.

Die Zwei-Blatt-Methode. Was ist dir in einer Partnerschaft wichtig? Und was willst du unter gar keinen Umständen? Da hilft die *Zwei-Blatt-Methode*, bevor du dich auf die Suche machst: Blatt 1 ist deine Positiv- und Blatt 2 deine Negativliste. Nimm dir in jedem Fall Zeit für beide Seiten, auch über mehrere Tage und Nächte hinweg, denn du lernst dann eine Menge über dich selbst. Und über den Partner, der am besten zu dir passt und irgendwo da draußen ist. Ist es ein Problem, wenn er oder sie Kinder hat? Und wenn ja, in welchem Alter? Ist es ein Problem, wenn er oder sie ein Haus hat und darin auch weiterhin den Lebensmittelpunkt sieht?

Über die *technischen Daten* deines Herzblatts wollen wir hier keine großen Worte verlieren: Um Größe, Gewicht, Haar- und Augenfarbe – um nur ein paar von ihnen zu nennen – haben sich online wahre Philosophien entwickelt, die den Erwartungshaltungen und Schönheitsidealen in der analogen Welt in nichts nachstehen.

Der erste Eindruck zählt. Natürlich spielen Optik und Ausstrahlung eines Menschen eine große Rolle, sobald es auf die Suche und um deine Kriterien dabei geht. Schon in den ersten Sekunden entscheidet sich beim Blick auf ein Foto und auf einen Steckbrief, ob dir dein Gegenüber sympathisch ist – oder eben nicht. Und das ist auch okay so, solange der Austausch dazu nicht verletzend wird. Dass es alleine auf innere Werte ankommt, ist ebenso Folklore wie die pure Konzentration auf Optik. Und selbst wenn eine Dating-Plattform nichts anderes als ein digitaler Blätterkatalog ist, in dem sich Singles mitunter auch nach einem Notensystem bewerten können: Votings werden spätestens dann grenzwertig, sobald eine Frau oder ein Mann nur noch nach ihrem Aussehen beurteilt wird. Nur das ist sicher: Wenn dir deine persönlichen Suchkreise klar sind und du weißt, was du von einer Partnerschaft erwartest, wird das deine Suche fokussieren und dir auch damit die eine oder andere Bauchlandung ersparen.

Es schadet auch nicht, beizeiten mal in den Blick zu nehmen, aus welcher Konstellation dein Gegenüber im Netz eigentlich kommt: Springt sie schon seit Jahren von einer Beziehung in die nächste, ohne sich dazwischen Zeit zum Nachdenken zu nehmen und sich zu fragen, warum das so ist? Wie ist er in der Vergangenheit mit Krisen und mit Trennungen umgegangen? Wie hat sie frühere Partnerschaften beendet und hinter sich gelassen? Der ehrliche und nicht verklärte Blick auf die andere Seite kann dir Aufschluss über deine eigene Zukunft geben, solltet ihr zwei tatsächlich Partner werden und einmal selbst in schwere See kommen: Ist man grundsätzlich bereit, an einer Beziehung zu arbeiten und um sie zu kämpfen, wenn die Umstände das erfordern? Oder geht man lieber den vermeintlich bequemen Weg und ersetzt die alte Liebe schnell durch eine neue?

DAS COVER ENTSCHEIDET:
AUF DER SUCHE NACH DEM BESTEN ALBUM.

Mit Liebe 4.0 verhält sich wie mit dem guten alten Plattenladen, den viele von uns noch aus ihrer Jugend kennen: Du gehst dort hin, weil du ein neues Album willst. Eines mit zehn guten Songs verteilt auf zwei Seiten – und keine der Platten im Laden ist so wie die andere. So stellst du dich auf deiner Suche nach Musik vor die meterlangen Regale und blätterst durch die aufgereihten Plattenhüllen, die im *Record Store* nur auf dich zu warten scheinen.

Das Erste, was du von einer Platte erblickst, ist ihr Cover. Spricht es dich spontan an, hältst du inne und betrachtest es in Ruhe. Spricht es dich dann immer noch an, ziehst du die Platte schließlich aus dem Regal und drehst sie um, um einen Blick auf die Tracklist zu werfen. Gefallen dir die Songtitel? Wenn ja, nimmst du die Platte mit nach Hause und hörst sie dir in Ruhe an. Wenn nein, stellst du sie ins Regal zurück und blätterst einfach weiter. Bis du das nächste Mal innehältst und wieder ein bemerkenswertes Cover vor dir siehst. Im Plattenladen hast du die Qual der Wahl. Und das Durchblättern der Neuzugänge kann mitunter sehr lange dauern und anstrengend sein.

Was machst du eigentlich, wenn dich ein Cover nicht sofort anspricht und du die Platte alleine deshalb nicht aus dem Stapel ziehst – obwohl sie zehn tolle Songs enthält, die du so aber niemals kennenlernen wirst? Was machst du eigentlich, wenn ausgerechnet der Ladenhüter mit dem eigenwilligen Cover genau die Songs bietet, nach denen du schon so lange suchst?

Das Leben steckt voller Überraschungen. Genau hinschauen und testen lohnt sich. Zieh ruhig auch mal eine Platte aus dem Regal, deren Cover dich nicht sofort umhaut, prüfe die Tracklist und höre bei Interesse einfach mal rein. Platten ganz ohne Cover – in Form von sinnfreien Steckbriefen ohne Bild – werden im Regal dagegen ignoriert. Es kann umgekehrt aber auch passieren, dass du mit einem Mal eine Platte mit sensationellem Cover vor dir hast, die Musik auf dem Album selbst jedoch grottenschlecht ist. Nach dem Probehören zurück ins Regal damit: Ein schönes Cover alleine reicht nicht! Du willst Songs, die deinen Herzschlag beschleunigen, und nicht bloß einen hübschen Wandschmuck.

Wer Musik als Bereicherung seines Lebens sieht, hat einst viele Stunden im Plattenladen verbracht – und sich hoch konzentriert kilometerweise durchs Vinyl gegraben. Gehörst du auch zu denen, die damals sofort zum Regal mit den Chart-Platzierungen gegangen sind? Da herrschte meistens Hochbetrieb. Und so manche Scheibe war schnell vergriffen. Was dann? Enttäuscht nach Hause gehen ohne neue Musik? Oder einfach weitersuchen und eine andere Scheibe entdecken?

Eine, die dir erst auf den zweiten Blick gefällt? Eine, die dich umhaut, sobald du dir Zeit für sie nimmst? Keine Frage: Nach deiner Online-Anmeldung bist du eine Platte neben vielen anderen im Regal. Und wie alle anderen Platten hast auch du ein Cover und eine Rückseite. Beides sollte also zusammenpassen, damit sich jemand in der großen Auswahl bewusst für dich entscheidet.

Dass man im Musikregal immer wieder auf Ramsch und Fehlpressungen stößt, versteht sich von selbst: Ein Plattenhändler hat niemals alle Neuerscheinungen im Blick. Und so kommt es vor, dass gelegentlich ein paar heiße Scheiben in seinem Sortiment landen, die dort überhaupt nichts zu suchen haben.

Kostproben gefällig? Prima! *Let me entertain you!* Bevor wir nun also zu den praktischen Tipps für dein persönliches Profil im Internet kommen, gibt es hier eine kleine aber feine Auswahl von Fake-Zuschriften. Sie haben den Verfasser dieser Zeilen als Schatzsucher im Netz vorzugsweise nachts erreicht. Und sie könnten problemlos etliche Buchseiten füllen – auch wenn sie alles sind, nur nicht authentisch.

YOU CAN LEAVE YOUR HEAD ON: SEXY FAKES!

Okay, meine Damen und Herren, jetzt ist es an der Zeit, die rote Glühbirne in die Leselampe zu schrauben, Rosenblätter ins Badewasser zu streuen, das Lammfell vor dem Kamin auszurollen und mit einem lasziven Hüftschwung die Single-Sammlungen von Joe Cocker und Tom Jones aus dem Plattenregal zu holen: Natürlich hat es sich in Windeseile in der Damenwelt herumgesprochen, dass ich als Single-Mann online auf Brautschau und damit im Grunde genommen ein ziemlich scharfer Typ bin.

Nur so lässt sich das Inferno der ein- und zweideutigen Angebote erklären – wahlweise in meinem Profil-Postfach der Single-Börse oder ganz klassisch per E-Mail. Hier kommen ein paar dieser Lottogewinne, die alles sind, nur keine Sechs Richtigen. *Sex Richtige* schon eher. Mails dieser Art wollen und sollen Single-Männer auf Partnersuche auf einschlägige Websites locken. Aber lest selbst, womit man es zu tun bekommt, sobald es Nacht wird. Und der Vollmond die Spam-Mail-Ingenieure rund um die Welt zu Höchstleistungen inspiriert – wenn es darum geht, *Fake Love* vom

Feinsten zu verbreiten. Ich habe mir erlaubt, die Damen aus dem Reich der Phantasie zu kategorisieren.

Die Exotische. Latinbabe25 schrieb mir zum Beispiel folgende Zeilen: *Juten Tach auch! Online, was? Wenn das deine Freundin wüsste! Ach, du hast gar keine und suchst gerade eine? Yeah, Treffer! Ich suche ein Abenteuer, vielleicht auch mehr. Und du? Was suchst du denn? Wenn du Lust hast, besuche mich doch auf XXX! Liebe Grüße von Cheyenne.*

Die Kaffeetrinkerin. Naddel88 zeigt sich in ihrem Anschreiben dagegen ernährungsbewusst: *Hi, hast du Lust auf eine Latte mit mir? Nein, nicht was du gerade denkst! Ich meine eine Latte Macchiato! Kannst auch Espresso trinken, wenn du keine Milch verträgst. Liebe Grüße von Caroline!* Okay, ihr Süßen, darf es beim ersten Date vielleicht auch ein stilles Wasser sein? Die sind ja bekanntlich tief.

Die Fürsorgliche. Hildemara02 hat Amors Pfeil offenkundig frontal durchbohrt. Sie will nur noch, dass ich unverletzt meinen Platz in ihrem Herzen einnehme, denn genau da gehöre ich ihrer Meinung nach hin:

Treffer, versenkt! Oder? Ich schaue hier gerade, wer so aus der Umgebung kommt, da sehe ich dich! Was machst du denn so? Wenn du magst und es klappt, können wir ja einen Kaffee oder eine Latte zusammen trinken gehen. Das Profil hier bin ich aber nicht, ist meine Cousine, aber mich findest du bei XXX! So, nun warte ich dort auf dich. Bekommst du das unfallfrei hin? Lieben Gruß, Alexandra.

Warum, um alles in der Welt, wollt ihr immer wissen, ob alles okay ist? Und warum wollt ihr immer nur LATTE MACCHIATO?

Die Offensive. Offensichtlich indianischer Herkunft ist Fake-Lady Pryugatpqa26, alias Alexandra die Zweite. Aus Schwelm, der Böses dabei denkt: *Hallo, Kleiner! Geschockt, dass ich dir schreibe? Sehr viel steht ja nicht in deinem Profil, oder hab ich nicht alles gefunden? Bin aber neugierig. Haste Lust, mir mehr von dir zu erzählen? Du kannst mich auch alles fragen, was du möchtest, aber ich bin nicht mehr hier! Mein Postfach war immer so voll, es gibt eben leider genug Leute hier, die ein Nein nicht verstehen. Deswegen bin ich bei XXX. Geh in die Suche und gib meinen Namen ein! Okay?* Anmerkung des Autors: Das ist so was von okay, Pryugatpqa26! Und nur du darfst mich *Kleiner* nennen.

Die Diffuse. Christabel3493 war nach dem spontanen Besuch meines Profils offenbar total geflasht und weckt den männlichen Beschützer-Instinkt in mir: *Hallo! Wie geht es dir heute? Ich will gerne mehr über Sie wissen es besser. Mein Name ist Chris sehr neu hier ist gerade gestern und ich suche nach der starken und ernsten Mann hier. Ich will, dass er Familienwerte haben und die Ziele im Leben. Er sollte auch einen guten Sinn für Humor, denn ich denke, ein Lächeln ist die beste Zierde eines jeden Menschen. Ich möchte meinen Mann älter sein, weil ich will, dass er weiß, was er will, zu sein ausgereift, zuverlässig und selbstbewusst. Haben Sie Skype oder E-Mail-Adresse, wo wir unterhalten und mehr über einander besser?*

Claudia aus Münchhausen beschreibt sich unterdessen so: *Zunächst einmal müssen Sie wissen, dass ich hier bin nicht für Spiele. Ich bin hier, um meine wahre Liebe zu finden, mein Seelenfreund, mein zukünftiger Mann. Sie müssen sicher sein, dass ich für eine ernsthafte Beziehung fertig bin!* Das glaube ich aufs Wort, meine Liebe! Du musst nur mal verraten, wer dir dieses grauenhafte Übersetzungsprogramm angedreht hat, sollte es dich wirklich geben. Und dann wäre da noch dieser außer Kontrolle geratene Textroboter, der an vorübergehender Amnesie zu leiden scheint: *Guten Abend, wie geht es dir? Ich hoffe, dass ich Marie Jose Alberto bin. Ich bin ich hier, um meinen Freundeskreis zu vergrößern und den Seelenverwandten zu finden, wenn möglich!*

Die Preisbewusste. Von welchem Planeten GorgeoGi26 von ihrem Alias-Namen her stammt, lässt die Verfasserin der folgenden Zeilen bewusst offen. *Hey online? Oder vergessen auszuloggen? Wohnst ja gleich nebenan, so ein Zufall, wo denn genau? Es ist nicht einfach den Richtigen zu finden, aber du gefällst mir, vielleicht können wir uns ja mal zum Café treffen? Hier bin ich nicht, habe nur mal mit dem Login meiner Freundin geschaut. Besuch mich doch einmal bei XXX. Da bin ich fast immer online, ist ja umsonst. Einfach nach meinem Nick schauen. Bis bald! Sarah!* Hi Sarah! Wie lieb von dir, und ich freue mich sehr! Aber wer zum Teufel ist Nick?

Die Unbeholfene. Grudkerre4527 kommt mit ihren Bildern im Internet irgendwie nicht klar und braucht dringend meine Hilfe: *Hi! Echt interessantes Profil! Bin mir sicher, bist du ein toller Typ, 45 Jahre finde ich perfekt. Das mit den Pics klappt hier einfach nicht! Habe aber auf XXX ganz viele Fotos von meiner Wenigkeit hochgeladen. Möchtest du dich vielleicht selbst überzeugen, wie ich ausschaue? Kannst da ja zielgerichtet eine liebe Nachricht in mein Postkasten legen. Bin da zu finden unter LILIANE.*

Mister Bombastic. Und wenig später flattert auch noch diese E-Mail mit folgendem Betreff rein: *260 cm bis 550 cm – einfahrbar!* Huch! Dieser Schreck muss sich erst mal setzen. Hat sich da etwa ein männlicher Gernegroß mit besonderen Fähigkeiten in der Adresse geirrt? Oder schreibt mir hier eine Dame, die definitiv eine Nummer zu groß für den Kleinen ist? Mitnichten! Hier handelt es sich lediglich um ein Angebot mit günstigen Teleskop-Leitern – per Werbemail. Und kann in dieser Betrachtung deshalb guten Gewissens vernachlässigt werden. Es sei denn, du hast ein Date mit Rapunzel und willst dich nicht alleine auf ihr Haar verlassen.

Für alle Fälle Birte. Seitdem ich im Internet eine gescheite Freundin gesucht habe, sehe ich auch meine Nachbarinnen mit anderen Augen. Neuerdings nehme ich mir ein Herz und pfeife ihnen hinterher, denn ich habe sie offensichtlich viele Jahre lang völlig unterschätzt. Seltsam, dass sie mir trotzdem nur einen Vogel zeigen, sobald ich pfeife. Schuld an allem ist Birte. Ihres Zeichens Verfasserin einer Mail mit diesem Betreff: DU KANNST SOFORT EIN DATE HABEN! *Hallo! Ein Gruß an dich, vielleicht sogar direkt aus der Nachbarschaft! Wenn du weiter klickst, wirst du ernsthaft interessierte Frauen finden, die einen eigentlich nicht besonderen Wunsch haben. Sie wollen einfach nur fremdgehen. Kein Witz, kein Nepp! Sie sind ganz aus deiner Umgebung. Probiere es aus, reinschauen kostet ja nichts. Diese Damen haben uns den Auftrag gegeben, dich direkt einzuladen.*

Später melden sich die Pannenhelfer in Sachen Liebe noch einmal und bieten einen besonderen Service an: *Diskret aber trotzdem direkt: Das Internet hilft Dir jetzt! Hallo, ich bin es nochmal, es gibt immer noch einige Frauen, eventuell aus deiner Nachbarschaft oder gar nicht weit weg, die wirklich fremdgehen wollen oder auf der Suche nach einem Sex-Abenteuer sind. Sie haben den Wunsch, dich kennenzulernen. Wir wurden beauftragt, dich anzuschreiben.*

Die Kannibalin. Hin und wieder flattern auch solche Nachrichten in den Elektro-Briefkasten: medepci827 schreibt um 3 Uhr früh: *Kuckuck! Du wurdest von mir angeschrieben. Blick doch mal in dein Postfach, eventuell unter ANDERE!* Und eine Minute später: *He du. Dein Profil ist mega beeindruckend, offensichtlich bist du ein netter Mann! 45 Jährchen sind lecker.*

Liebesgrüße nicht nur aus Moskau. Aus Dortmund werde ich in fast schon kafkaesker Form angeschrieben: *Bin einer Johnson Clara eine edle und aufrichtige Lady, bin 34 Jahre, single und neu hier, bin hier auf der Suche nach eine Beziehung, eine fürsorgliche und liebevolle Menschen.* Claudia schreibt mir an einem Ostersonntag morgens aus Berlin: *Hier die Absicht, meine wahre Liebe finden. Ich bin eine einfache Art Claudia kühlen sanft und freundlich Frau, ich 1 Meter 72 und 65 kg mit hellbraunen Augen schwarze Haare zu messen, sind meine Hobbys Kino, Resto, Spaziergang am Strand Musik und so weiter.*

Um drei Minuten vor Mitternacht meldet sich Anne (33): *Hallo, in vorbei Ihr Profil gefangen meine Absicht, Grund, warum ich senden Sie diese Nachricht, um eine Freundschaft in einer ersten Zeit verknotet und sehen vielleicht auch mehr.* Ich jedenfalls kenne nur eine Anne, mit der ich kein Problem habe. Sie heißt Anne Theke und ist immer da, wenn ich sie brauche, um Mails dieser Art möglichst schnell zu vergessen. Ihre beste Freundin heißt übrigens Anne Bar.

DEIN NAME IST PROGRAMM.
WIE HEISST DU?

Liebe Leserinnen und Leser, spätestens nach diesem Ausflug ist uns klar: *Das können wir besser!* Du eröffnest eine ständige Vertretung auf einer Single-Plattform? Prima! Sofern du dich bei einem Anbieter angemeldet hast, bei dem du einen individuellen Spitz- oder Aliasnamen benutzen kannst, solltest du gerade auch hier kreativ sein. Natürlich reicht grundsätzlich ein schlichtes *Frau* oder *Mann* in Kombination mit deinem Geburtsjahr. Aber das ist dann in etwa so spannend wie eine Lesung aus dem Branchen-Telefonbuch für das Sauerland. Lass dir also schon beim Alias-Namen etwas einfallen oder schau dich mal um, wie sich andere Damen und Herren auf der Plattform nennen. Hast du ein ansprechendes Foto und einen prägnanten Spitznamen online, ist die Chance wesentlich größer, dass sich Singles auf der Suche deinen Steckbrief genauer ansehen und sich an ihn erinnern, sollten sie später noch einmal auf ihn stoßen. Denn eines darfst du nie vergessen: Du bist jetzt ein Eintrag im Katalog und willst auffallen. Den ultimativen Spitznamen-Vorschlag gibt es hier nicht. Nur einen gut gemeinten Rat, was du tunlichst vermeiden solltest: Würdest du als Mann einer Dame schreiben, die sich in der Single-Börse allen Ernstes *Zicke30*, *Biest45*, *Dating-Queen38*, *Katastrophe24*, *Mauerblümchen41* oder *Chaos-Frau50* nennt? Würdest du im Umkehrschluss als Dame einem Herrn schreiben, der sich *Lurchi45*, *Loverboy666*, *Sex-Machine69*, *Loser0815*, *Schlaffi123*, *Adonis 2.0*, *Bärchen80*, *Quälgeist95* oder *Hui Buh 2000* nennt?

Kleine Exkursion an dieser Stelle: Mit *Hui Buh 2000* bekam es der Verfasser dieser Zeilen eine ganze Zeit lang in einer Single-Börse zu tun, obwohl *Hui Buh 2000* offenkundig ein Mann war. *Hui Buh 2000* war auf der Plattform darauf spezialisiert, jeder neu angemeldeten Frau in Windeseile einen ebenso geisterhaften wie uniformen Gruß ins Online-Gästebuch zu schreiben. Nach dem Motto:

Ich grüße dich ganz lieb! Oder: *Viel Erfolg hier!* Oder: *Erster in deinem Gästebuch!* Wann immer ich damals auf der Plattform nach einer Dame geschaut habe: *Hui Buh 2000* war längst schon da!

Solltest du dich für eine Plattform entscheiden, bei der du ein Gästebuch auf deinem Profil führen kannst – schalte diese Funktion nach Möglichkeit am besten aus: Wer wirklich Interesse an dir hat, schreibt dir auch so und hinterlässt nicht einen ebenso sinnfreien wie unverbindlichen Gästebucheintrag wie zum Beispiel: *Kuckuck!* Auch die in Chats beliebten Herzchen und Emoticons kannst du dir bei der Partnersuche sparen – es sei denn, du bist eine schüchterne Haut und baust darauf, dass dir wirklich jemand zurückschreibt, nur wenn du ihm oder ihr einzig und alleine so etwas schickst. Ausschließen kann man natürlich nie etwas. :)

Inwieweit Chats auf der Plattform und anderswo für dich in Frage kommen, hängt davon ab, wie kommunikativ du bist: Wenn du auf den Austausch von Zweizeilern stehst und dich stundenlang darin verlieren und verlieben kannst – nur zu! Du wirst selbst wissen, ob das für mehr als nur ein unverbindliches Kennenlernen reicht.

So schön und so online? Viele Nutzer von Single-Börsen bieten ihrem Gegenüber an, die Korrespondenz außerhalb der Plattform per Chat auf dem Smartphone fortzusetzen. Du musst dann selbst entscheiden, wem du wann deine Handy-Nummer zu diesem Zweck preisgibst. Mehr Tiefgang bekommt der Kontakt in der Regel dadurch nicht: Das persönliche Gespräch – entweder am Telefon oder bei einem Treffen – lässt sich nicht durch einen Chat ersetzen, so spannend er am Anfang auch sein mag. Pingpong alleine reicht nicht und läuft irgendwann ins Leere, wenn es nur dabei bleibt. Spitznamen in Single-Börsen geben mitunter auch einen tiefen Einblick in das Seelenleben. Wer sich *Einsam28* oder *Traurig49* nennt, der ist und bleibt das in der Regel auch. Klingt das nach einem Mann oder nach einer Frau, die mit sich selbst im Reinen ist und wieder nach vorne schaut? *Sehnsucht30* ist da schon offensiver. Auch wenn sich das in unseren Zeiten leider schon wie das Eingeständnis von Schwäche liest.

Muss es aber wirklich ein Spitzname sein wie *Mein dritter Versuch* oder *Letzte Chance 1970*? Klingt nach Resterampe und Schießbude auf der Kirmes, oder? Damen, die sich dagegen *Traumfrau35* nennen, bekommen in der Regel nur Post von selbsternannten Traummännern mit ebenso gesundem Selbstvertrauen – und mit zuweilen ziemlich eindeutigen Absichten. Klar ist in jedem Fall: Der Alias-Name ist Programm. Niemand schaut sich einen Film mit grauenhaftem Titel an. Es sei denn, er oder sie steht auf so etwas. Oder der Film ist wider Erwarten gut.

DER ERSTE EINDRUCK ZÄHLT.
DEIN BILD SAGT MEHR ALS 1000 WORTE.

Die erste Hürde ist also genommen: Du hast dich unfallfrei auf dem Single-Portal angemeldet. Und du hast einen Alias-Namen, der weder für den Dritten Weltkrieg sorgt noch dich noch einsamer macht, als du es ohnehin schon bist. Wobei: Muss man wirklich einsam sein, wenn man alleine ist? Und ist man wirklich alleine, wenn man sich einsam fühlt? Wenn du beide Fragen ohne lange nachzudenken mit einem NEIN beantworten kannst, dann hast du gute Chancen, spannende Menschen im Netz kennenzulernen: Dein Gegenüber spürt sehr schnell, ob du in dir ruhst und ob du dir bei der Suche nach deiner Entsprechung selbst vertraust. Nur wer mit sich selbst im Reinen ist, strahlt das auch aus – und hat genug Energie für einen Menschen, den man früher oder später liebt. Energie musst du aber auch investieren, sobald es um deine

Bilder auf der Plattform geht. Die Anbieter haben zum Teil klare Richtlinien und geben neben Vorgaben auch Tipps zu möglichen Motiven. Wenn du nicht gerade auf einschlägigen Plattformen unterwegs bist und dir entsprechend eindeutige Angebote ersparen willst, solltest du freizügige Bilder meiden. Sie rufen in erster Linie Abenteurer und Fetischisten auf den Plan, wobei die Grenzen auch hier fließend sind: Manchmal reicht alleine schon ein an sich solides Profilbild von einem Spaziergang in modischen Stiefeln, um entsprechend veranlagten Netzgrenzgängern das Wasser im Munde zusammenlaufen zu lassen. Wer so was mit Humor nimmt und selbstbewusst bleibt, wird sich auch von dieser Warnung nicht abhalten lassen. Alle anderen sind gut beraten, lieber auf ein klassisches Foto zurückzugreifen, solange es nicht aussieht wie eines der Bilder aus deiner Bewerbungsmappe vom vergangenen Jahr. Du suchst Liebe und nicht einen Job!

Gleiches gilt für die vermeintlich coolen Sonnenbrillen-Bilder, die im Netz weit verbreitet sind: Wenn es nur eines von mehreren Motiven auf deinem Online-Profil ist, die ansonsten auch mal einen Blick in deine Augen zulassen, ist das kein Problem. Solange es nicht das erste Bild ist, das beim Öffnen deines Profils zu sehen ist. Ist das mit Sonnenbrille das einzige Bild auf deiner Seite, wirkt das unnahbar und kalt. Gleiches gilt für Steckbriefe, die ausschließlich mit Sonnenbrillen-Bildern bestückt sind. Hallo? Dein Gegenüber sucht Liebe und nicht einen Terminator! Schaust du auf dem Foto deiner Wahl finster, erinnerst du den Betrachter möglicherweise an Pennywise, den irren Clown aus Stephen Kings ES. Hand aufs Herz bzw. Messer: Verzichte besser auf dieses Bild! Macht dich die Auswahl deiner persönlichen Motive selbst ratlos, bitte Freunde oder Geschwister auch hier um Hilfe. Sie wissen schon, welches Foto dir am besten entspricht. Und welches nicht.

Wenn du dich daheim gerne auf Teppichen und Fellen räkelst und deinem potenziellen Partner im Netz direkt mal einen Schlafzimmer-Blick schenken möchtest, wird dich niemand davon abhalten können, mit solchen Bildern auf den Markt zu gehen. Dann solltest du aber auch nicht sauer sein, wenn du entsprechende Elektro-Post bekommst. Gleiches gilt für unscharfe und dunkle Bilder, die das Flair eines Bigfoot- oder Ungeheuer-von-Loch-Ness-Beweisfotos haben.

Ganz auf ein Foto zu verzichten – soweit das Portal deiner Wahl so was überhaupt zulässt – wirft bei deinem Gegenüber unweigerlich Fragen auf: Ist er so hässlich wie die Nacht, dass er bewusst auf ein Bild verzichtet? Oder ist sie vielleicht prominent und will hier bloß nicht erkannt werden, weil das sonst ein Thema bei *Brisant* oder *Leute heute* oder in der nächsten Ausgabe der *Gala* ist? Oder ist er vielleicht Geheimagent oder im Zeugenschutzprogramm, weil er demnächst als Kronzeuge gegen die Mafia oder die russische Regierung oder gleich gegen beide zusammen aussagen muss? Klare Ansage vieler Damen und Herren, die im Netz Liebe suchen: *Kein Bild, kein Interesse! Überrascht euch selbst mit euren Fotos!*

Wie Spitznamen können also auch Bilder Fallstricke sein, die alle stolpern lassen, die sich deinen Steckbrief anschauen: Muss es wirklich das zehn Jahre alte Urlaubsfoto sein, mit dem du dein Gegenüber für dich gewinnen willst? Wer 40 ist und sich mit 30 zeigt, hat entweder ein Problem mit der Zeit oder ein Problem mit sich selbst. Solltest du Bilder anderer Singles betrachten, lohnt sich immer auch ein Blick auf den Datum-Stempel, falls vorhanden. Wenn jemand ausschließlich mit einem zehn Jahre alten oder verfremdeten Foto für sich spricht, dann hat das einen Grund. Keine faulen Ausreden zulassen, wenn dein Gegenüber nur mit Weichzeichner-Bildern arbeitet! Es war noch nie so einfach, ein aktuelles und ehrliches Bild von sich machen zu lassen. Als Alternative zum beliebten Selfie mit dem Smartphone vor dem Badezimmerspiegel. Zum Beispiel. Die werden schnell langweilig und sind zuweilen auch unvorteilhaft. Ein Tipp für die Herren mit hoher Stirn: Zumindest ein Bild sollte euch ohne Kopfbedeckung zeigen. Es sei denn, ihr wollt beim ersten Date wirklich mit Baustellenhelm oder Cowboyhut aufkreuzen und diese dann für den Rest eures Lebens auf dem Kopf belassen, damit euch die Frau eurer Träume bloß nicht verlässt. So hart das auch ist: Steht eine Frau erklärtermaßen nur auf Männer mit vollem Haar, dann wird sie bei dir alles machen – nur keine Ausnahme. Und bevor jetzt alle *Kojak*-Fans gegen dieses Buch hier Sturm laufen: Das hier schreibt jemand mit Selbsterfahrung. Also – sucht euch jemanden, der euch so nimmt, wie ihr seid! Tarnung bringt nichts! Tarnung fliegt auf, sobald ihr das Netz verlasst! Wie Oma euch schon versichert hat: *Lügen haben kurze Beine.*

Der erste Eindruck zählt. Wie im *richtigen Leben* da draußen: Wer schreibt schon einer Frau oder einem Mann, der auf seinem Profilbild in der Single-Börse dreinschaut wie jemand, der im nächsten Moment seine 45er zieht, um dem Betrachter ein faustgroßes Loch in den Brustkorb zu schießen? Zugegeben, das ist ein wenig überspitzt, kommt aber dem Eindruck sehr nahe, den manche Damen und Herren im Netz hinterlassen. Ob im Bild oder im Text: Zeigt und gebt euch immer nur so, wie ihr wirklich seid! Schauspieler gehen zum Film und nicht ins Netz. Legt einfach mal eure Rüstungen und eure Coolness ab. Und lass dich für dein Profilbild um Himmels Willen nicht beim Trampolinspringen oder beim Mittagsschlaf mit offenem Mund oder mit Kippe zwischen den Zähnen ablichten. Ist! Überhaupt! Nicht! Sexy!

Und eine dringende Bitte an alle Sparfüchse unter euch: Solltet ihr noch ein biometrisches Bild vom letzten Reisepass-Antrag übrig haben, dann scannt es bloß nicht ein und verwendet es in einem Single-Portal. Der Schuss geht garantiert nach hinten los. *Lächeln verboten!* Den Ausweisvorgaben entsprechend, schauen diese Damen und Herren der Schöpfung auf ihren

Bildern im Netz in etwa so freundlich drein wie einst Clint Eastwood in *Erbarmungslos*.

Ich bin im Netz immer wieder Frauen begegnet, die von Männern mit Fake-Bildern berichtet haben. Motive von Rock- und Popstars werden ebenso für das eigene Profil benutzt wie am PC getunte Fotos, die aus Catweazle zum Beispiel Brad Pitt oder George Clooney machen. Viele Herren der Schöpfung lassen sich gerne auch mit Sportwagen, Stadtpanzern, Rennpferden, Yachten oder Villen ablichten, um ihr Herzblatt zu beeindrucken. *Fifty shades of Hey: Der Bachelor erwartet dich!*

Der digitale Bumerang kann aber auch einen an sich bescheidenen Naturburschen wie den Verfasser dieser Zeilen treffen. Etwa, wenn er sich beim Spaziergang im heimischen Wald ablichten lässt, dieses Bild in sein Profil stellt – und postwendend von einer Stadtfrau zunächst beschimpft und dann gesperrt wird, weil solche Fotomotive aus ihrer Sicht Klischees bedienen, die einzig und alleine Fans von Rosamunde-Pilcher-Verfilmungen erfreuen. Seit dieser Begegnung steht fest: Cornwall ist überall! *Anmerkung des Autors:* Ich fahre bis heute keine britische Limousine mit

Weißwandreifen, die sich auf dem Muschelkies an der Zufahrt meines Schlosses repräsentativ abstellen ließe. Gleich neben dem herrschaftlichen Treppenaufgang mit Springbrunnen aus irischem Marmor. Ein Rennpferd besitze ich auch nicht. Bislang jedenfalls.

Single-Frauen gehen bei der Zusammenstellung ihrer Profilbilder mindestens so strategisch vor wie Single-Männer: Den Anfang macht ein perfektes und oft auch professionell erstelltes Bild, das sofort Aufmerksamkeit auf sich zieht. Das kann ein Bild mit schöner Ausleuchtung sein oder auch eines, bei dem Stylisten zuvor alle Register gezogen haben.

Bild Nummer 2 ist oft ganz anders: Manche Frauen lassen sich bevorzugt in sportlichen Posen ablichten – etwa auf dem besagten Trampolin, beim Joggen oder auch beim Yoga – während sich einige Männer ausschließlich mit Statussymbolen fotografieren lassen, um zu zeigen, was sie alles zu bieten haben. Überaus beliebt ist das bereits erwähnte und meist schlecht fotografierte Handy-Selfie – bei fiesem Licht und mit zusammengekniffenen Augen, weil der Auslöser schwer zu erreichen ist.

STECKBRIEF MIT PERSÖNLICHER NOTE.
DEIN WORT SAGT MEHR ALS 1000 BILDER.

Das Internet mag noch so oberflächlich und auf Bilder fixiert sein: Eine durchdachte Ansage auf deinem Profil ist unglaublich wichtig. Findet dein Gegenüber die Fotos in deinem Steckbrief sympathisch, dann wird er oder sie mehr über dich lesen wollen: Keine Romane, aber eine klare Vorstellung. Das persönliche Statement damit zu eröffnen, wie der Wunschpartner *nicht* zu sein hat, spricht den Leser oder die Leserin in etwa so an wie eine Steuererklärung. Das liest sich nach schlechter Erfahrung. Und nach einem Menschen, der eine Trennung noch nicht verarbeitet hat und sich direkt in etwas Neues stürzen will. Schreibe lieber, was du suchst und erspare den Singles, die bei dir vorbeischauen, Oberflächliches oder gar Verletzendes: Eine Frau über 40 ist noch lange keine Oma und ein Mann unter 1,80 alles andere als ein Hobbit. Wer mit einem solchen Menschenbild Partner sucht, bleibt besser alleine oder unter seinesgleichen.

Natürlich kann nicht jeder geschliffen und punktgenau schreiben. So, wie nicht jeder da draußen ein Hausdach decken kann. *Schreiben ist Handwerk!* Gerade, wenn sich der Text um dich selbst dreht. Da hilft es, sich auch hier einen Rat in der Familie oder von Freunden zu holen, sobald es um die richtigen Formulierungen für deinen Steckbrief geht. Und damit um den ersten Eindruck, den du deinem Gegenüber vermittelst. Denke immer daran: Dein Profilbild ist das Cover und dein Steckbrief die Tracklist. Und spätestens jetzt ist es an der Zeit, noch einmal auf deine Positiv- und Negativliste nach der *Zwei-Blatt-Methode* zu schauen, wie sie schon beschrieben wurde: Was suchst du in einer Partnerschaft? Was ist dir in deinem Leben wichtig? Wo stehst du jetzt, in diesem Moment? Und wo in Zukunft? Die Antworten auf diese Fragen sind das Rückgrat deines Statements und der rote Faden, der sich durch deine Geschichte zieht.

Bei deinen persönlichen Angaben im Steckbrief gilt das, was es zu hören gab, sobald du als Kind geflunkert hast: *Ehrlich währt am längsten!* Singles, die bei der Partnersuche (erst einmal) ihre Kinder verschweigen oder an ihrem Alter schrauben, werden nicht weit kommen. Dabei wissen doch alle: Jeder im Netz, der die 30, 40, 50 oder 60 hinter sich gelassen hat, hat seine ganz persönliche Story. Sonst wäre er oder sie nicht hier. Und nicht eines der vergangenen Jahre war verloren, sondern hat dich zu dem gemacht, was du jetzt bist. Wer in sich ruht, steht zu seinem Leben bisher. Und nur, wenn du deinen Frieden mit dir selbst und mit deiner Vergangenheit gemacht hast, kannst du ruhigen Gewissens nach vorne schauen.

Selbst nach langen Jahren zu zweit in der Liebe zu scheitern, ist alles andere als ein Makel. Viele Damen im Netz bringen es so für sich auf den Punkt und treffen damit den Nagel auf den Kopf: *Hinfallen, aufstehen, Krone richten und weitergehen!* Für Männer gilt die etwas robustere Version: *Hinfallen, aufstehen, Rüstung ausbeulen und ebenfalls weitergehen!* Wobei festzuhalten ist: Rüstungen schützen dich nicht nur. Sie sind auch schwer zu tragen. Und sie verbieten dir alleine schon mit ihrem Gewicht, durch ein unbekanntes Gewässer zu laufen, weil du mit all deinem Eisen um dich herum darin versinken und ertrinken könntest, gut gepanzert. Manchmal ist es angebracht, auf Schatzsuche die Rüstung abzulegen. Hat schon *007* so gemacht. Und der muss es wissen.

UND AB DIE POST!
DEINE ERSTE EIGENE NACHRICHT.

Du hast auf der Plattform eine spannende Frau oder einen spannenden Mann entdeckt? Dann ran an die Tasten und ihr oder ihm eine Nachricht schicken! Immer in dem Wissen, dass du damit nicht alleine bist: Je nach Profil bekommt dein Gegenüber Nachrichten im Minutentakt und hat oft gar nicht die Zeit, sich alle Mails sofort und in Ruhe anzusehen. Keine Panik also und erst recht keine ungeduldigen oder gar bösen Nachfragen, wenn es mit einer Antwort mal etwas länger dauert. Und erst recht keine Panik und kein Nachhaken, wenn gar keine Antwort kommt. Das hat weniger mit Ignoranz zu tun, sondern trägt vielmehr dem Umstand Rechnung, dass im Netz ein Millionenheer unterwegs ist, in dem man manchmal untergeht. Darüber enttäuscht zu sein, ist in etwa so sinnvoll, wie mit einer Regenwolke zu hadern, die beharrlich über deiner Picknick-Wiese verweilt. Bringt gar nichts!

Entspannt bleiben. Bei den Damen ist es mitunter auch so, dass sie aus Vorsicht und aus Prinzip schon gar keine Absagen mehr schicken, weil sie danach schon mal übel beschimpft worden sind von Männern, die sich in ihrer Ehre oder in sonst was verletzt gefühlt haben. Nach dem Motto: *Wie kannst du dich hier nur gegen mich entscheiden?* Und das ist noch moderat formuliert.

Dabei geht es bei einer Absage in der Regel nicht um eine Entscheidung *gegen dich*, sondern einfach nur um eine *für einen anderen Weg*. Akzeptiert deshalb ein Nein oder auch ein Schweigen. Und kommt tatsächlich ein freundlich formuliertes Nein, bricht sich niemand einen Zacken aus der Krone, für diese Form der Ehrlichkeit zu danken. Sie ist im Netz alles andere als selbstverständlich, steht für Anstand und spricht damit für die andere Seite.

Funkstille akzeptieren. Es kann immer sein, dass die angeschriebene Frau oder der angeschriebene Mann kein Interesse an dir hat und deshalb auf eine Antwort verzichtet. *C'est la vie!* Einfach abhaken und weitersuchen! Nach dem *Warum* zu fragen, wenn die andere Seite schweigt, ist meistens Zeitverschwendung. Dazu ein Klassiker aus der Sprichwort-Kiste: *Auch andere Mütter haben schöne Töchter!* Wer sich im

Internet durch Funkstille entmutigen lässt, sollte sich fragen, ob er sich wirklich im richtigen Medium bewegt. Lasst euch nicht runter ziehen!

Vernünftig schreiben. Viel wichtiger ist, dass gerade deine ersten Zeilen an die tolle Frau oder an den tollen Mann Hand und Fuß haben. Je nach Adressat spielen Interpunktion und Wortwahl eine entscheidende Rolle. Glaubst du wirklich, dass dir eine Frau zurückschreibt, wenn du ihr eine Copy & Paste-Nachricht mit mehr als 50 Rechtschreibfehlern in den ersten zehn Zeilen schickst? Natürlich kann es sinnvoll sein, sich grundsätzlich ein paar ansprechende Formulierungen zurechtzulegen und diese je nach Bedarf zu verwenden, sobald es darum geht, dich in einer Mail vorzustellen und zu beschreiben. Aber so elegant du das mit diesem Baukasten auch anstellst: Das hilft alles nichts, wenn du dich nicht ansatzweise mit dem Profil deines Gegenübers befasst hast und sich genau das in deiner Nachricht widerspiegelt.

Don't copy & waste. Bei der Kontaktaufnahme einen Fragenkatalog zu schicken, hat in etwa den Charme einer Bewerbungsrunde. Ihm oder ihr direkt einen

Roman über dein Leben zu schreiben, empfiehlt dich vielleicht für den nächsten Literatur-Nobelpreis, hilft dir bei der digitalen Partnersuche aber in etwa soviel wie ein leeres Portemonnaie an einer Parkuhr.

Kurz & knapp mailen. Schreibe zu Beginn erst mal nur ein paar Zeilen über dich und warum dich sein oder ihr Profil interessiert. Bleibe locker und setze dein Gegenüber nicht unter Druck – nach dem Motto: *Ich bin der Größte, ich bin die Beste, und du musst mich kennenlernen, unbedingt!* Gesundes Selbstbewusstsein schadet nicht, aber gerade online sind die Grenzen zu Arroganz und Egozentrik fließend. Wenn dein Herzblatt deine Nachricht ansprechend findet, dann wird es aus freien Stücken online bei dir vorbeischauen – und dir zurückschreiben, selbst wenn es nur eine kurze Absage ist. Alles andere nimmt von ganz alleine seinen Lauf.

Learning by doing. Nimm jede Absage gelassen hin und vermeide Gegenfragen. Gehe lieber in dich selbst und denke darüber nach, was du beim nächsten Mal vielleicht anders machen kannst. In der Regel liegt es überhaupt nicht an dem, was du schreibst (solange du das durchdacht machst), sondern einfach an der Tatsache, dass es entweder passt oder eben nicht. Die Chemie muss stimmen. Von Anfang an.

Unterschiede sondieren. Gegensätze ziehen sich an. Ob sich Liebe an diesen Magnetismus hält, muss jeder für sich selbst entscheiden. Gegensätze können sich auch abstoßen. Und das mit Macht. Hand aufs Herz: Ist es wirklich klug, eine Frau anzuschreiben, die in ihrem Profil angibt, dass sie gerne Ski fährt, während für dich selbst alleine schon der Gedanke an eine Skistunde in den Alpen etwas von einer Nahtod-Erfahrung hat? Hand auf den Skipass: Was nutzt dir ein wochenlanger Krankenhausaufenthalt, nachdem man dich mit dem Hubschrauber aus dem Gebirge ausgeflogen hat und du in der Unfallklinik eingegipst wirst, während dein Herzblatt mit dem smarten Skilehrer unterwegs ist?

Schnittmengen finden. Gemeinsame Hobbys, Vorlieben und Ansichten können beim ersten Kontakt Brücken bauen und Türen öffnen. Aber auch hier bringt es überhaupt nichts, sich zu verstellen, nur um der anderen Seite zu imponieren. Wer ein bestimmtes Alter erreicht hat, verändert sich nicht mehr grundsätzlich.

Das machst du einem Partner zuliebe noch mit Anfang 20 und vielleicht auch noch mit Anfang 30, aber ab 40 wird der Spielraum in der Regel mit jedem Jahr kleiner. Was an sich ja nicht verkehrt ist: Du weißt halt nur, was du in der Liebe willst. Und was nicht (mehr).

Egomanie vermeiden. Wer in der ersten Nachricht ans Herzblatt nur über sich selbst schreibt und nicht auf sein Gegenüber eingeht, hat kaum eine Chance: Stell dir vor, du sitzt im Café einer tollen Frau oder einem tollen Mann gegenüber – und erzählst nur von dir selbst! Irgendwann wird der Kopf der tollen Frau oder des tollen Mannes einfach nur nach vorne kippen und im schlimmsten Fall auf die Tischplatte schlagen. Das willst du doch nicht wirklich, oder?

Nur nicht hetzen lassen. Nimm dir also Zeit für jede Nachricht, die du schreibst. Und auch für jede ernsthafte Zeile, die du bekommst. Wenn beide Seiten das berücksichtigen, ist schon eine Menge gewonnen. Dann kannst du sicher sein, dass ihr zwei euch im Netz mit Niveau begegnet und respektvoll behandelt – auch wenn es letzten Endes vielleicht dann doch nicht passt. Für alle anderen Zeitgenossen ist LÖSCHEN oder

SPERREN oft die einzige Lösung: Niemand muss sich auf der Suche nach Liebe per Mail kränken, verletzen oder beschimpfen lassen. Online sind nicht nur in den sozialen Netzwerken mittlerweile etliche Spinner und Extremisten unterwegs. Ihnen kannst du auch auf einer Dating-Plattform begegnen. *Alles Liebe? Von wegen!*

Inspiration finden. Inspiration ist und bleibt der Schlüssel: Schreibt möglichst kurz, aber schreibt immer mit Seele. Und schaut eure Nachricht unbedingt nochmal durch, bevor ihr auf SENDEN klickt, auch wenn das im Smartphone-Zeitalter leider immer seltener wird. Nehmt euer Gegenüber so ernst, wie ihr selbst ernst genommen werden wollt. Dann wird auf Dauer nichts schiefgehen.

MISSION IMPOSSIBLE: DAMEN DRÜCKEN!
EIN KAPITEL FÜR MÄNNER.

Und jetzt gibt es ein Kapitel für Männer, das natürlich auch Damen lesen dürfen – denn sie haben mit ihren Erfahrungsberichten das Fundament hierfür geliefert. Zunächst einmal ein gut gemeinter Rat an alle Herren der Schöpfung: Überlegt euch, welcher Typ Frau am besten zu euch passt, *bevor* ihr auf die Suche geht. Das erspart dir (und in der Regel auch ihr) eine Menge Ärger. Und seid gerade auch in diesem Punkt immer ehrlich zu euch selbst: Wunderst du dich wirklich, wenn dir eine bildschöne Frau aus Düsseldorf nicht zurückschreibt, die satte 30 Jahre jünger ist und auf Designhandtaschen steht – während du mit Anfang 50 und deinem 5-Tage-Bart bei Iserlohn in einem Haus am Waldrand lebst und am liebsten Holz hackst? In einer Gegend, in der du täglich Grizzlybären jagst und Bäume fällst, weil sie dir im Weg stehen? *Okay,* wirst du dir sagen: *Liebe versetzt doch Berge!* Mag sein. Aber bei solch monumentalen Unterschieden bekommt es selbst die Liebe mit nichts anderem als mit dem Mount Everest zu tun! Und an dem sind schon ganz andere gescheitert.

Bleibt also in eurer Liga unterwegs, auch wenn es im Netz verlockend ist, Chancen bei Single-Frauen zu testen, die du sonst niemals ansprechen würdest beim Konzert, an der Bar oder in der Disco, weil die Gefahr einer öffentlichen Abfuhr dort einfach zu groß ist. Im Internet ist das sinnfreie Anbaggern dagegen wie der heimliche Griff an einen Weidezaun: Du prüfst einfach mal, *ob Strom drauf ist* – oder eben nicht. Bekommst du online dann *einen gewischt*, passiert das ohne Zeugen, und du lässt so was künftig bleiben, um dir Peinlichkeiten zu ersparen.

Dass Singles im Netz dazu tendieren, deutlich attraktivere Damen und Herren anzuschreiben im Vergleich zu sich selbst, belegen mittlerweile auch wissenschaftliche Studien. Das Resultat ist aber immer dasselbe: Die Chance auf einen Volltreffer auf beiden Seiten ist denkbar gering, wenn man in unterschiedlichen Ligen spielt. Liebe lässt sich nicht zurechtbiegen wie ein Stück Blech. In der Regel ist ihr auch der soziale Status schnuppe, sobald die Chemie stimmt und plötzlich andere Dinge zählen als gesellschaftliche Stellungen und Kontostände – so sehr das Standesdenken in der Diskussion ums *Downdating* auch wieder in Mode kommt. Und den Groschenroman-Faktor zurück ins Spiel bringt, sobald es um die Suche nach dem oder der Richtigen geht: *Darf eine Ärztin einen Krankenpfleger daten? Oder ein Krankenpfleger eine Ärztin?* Sich über solche Fragen allen Ernstes den Kopf zu zerbrechen, hilft auf dem Weg zum Ziel nicht weiter. Entweder passt es. Oder eben nicht. Versetze dich als Mann einfach mal in die Lage deiner Herzdame auf der anderen Seite. Wenn sie sich frisch auf dem Portal angemeldet hat und im wahrsten Sinne des Wortes bemerkenswert ist, dann wird sie innerhalb kurzer Zeit mit Zuschriften überschüttet. Diese muss sie, wie gesagt, erst einmal in Ruhe sichten, bevor sie entweder weitermacht oder sich genervt aus dem Blätterkatalog wieder abmeldet. Denn ...

... sie bekommt Post von etlichen Männern, die ihr das Blaue vom Himmel versprechen.

... sie bekommt Post von etlichen Männern, die ihr Bilder schicken, die alles zeigen, nur kein Gesicht.

... sie bekommt Post von etlichen Männern, die glauben, dass mit einem Zweizeiler und Komplimenten von der Stange alles gesagt ist.

... sie bekommt Post von etlichen Männern, die parallel zu ihrer Ehe aus dem Bilderbuch eine Zweit- oder Drittfrau suchen.

... und sie bekommt Post von Single-Männern, die wie du zu den Guten gehören und einfach schneller waren. Also: Bleibt auf der Suche um Himmels Willen realistisch und beachtet beim Anschreiben in Wort und Bild unbedingt das *Einmaleins des gehobenen Flirts*. Der Einfachheit halber gibt es das hier in komprimierter Form und zeigt euch, dass dieses Buch eine Investition in die Zukunft ist, auch wenn ihr euch von der Kohle wahrscheinlich lieber eine Grillzange oder Bits für den Akkuschrauber gekauft hättet.

Der Zaun mit dem Winkpfahl: Überspannt den Bogen nicht! Spart euch bei der ersten Mail Lobeshymnen, so hübsch die Frau auch ist! Wenn schon Komplimente, dann dezent. Rote Teppiche sind langweilig, wenn sie sich über viele hundert Meter bis zum Haupteingang in dein Herz ziehen. Schreibt lieber kurz und knapp, was euch an ihr gefällt und warum ihr euch meldet.

Entblödet euch nicht mit mühevoll erstellten Buchstaben-Bildern oder mit schlecht gereimter Lyrik über den Sonnenuntergang um die Ecke. Das zieht nicht! Warum? Weil ein Mann, der von Grund auf nicht romantisch ist, niemals zu einem Romantiker wird, selbst wenn er einer noch so tollen Frau schreibt. Muss er auch gar nicht. Es sei denn, eure Herzdame liegt auf

Rosenblättern, während sie eure Nachrichten liest. Dürfte aber eher selten der Fall sein.

Schreibblockade? Dann lasst euch coachen! Von eurer kleinen Schwester. Von eurer großen Schwester. Oder auch von der kleinen oder großen Schwester eures besten Freundes. Frauen wissen, was auf dem *Highway to Love* geht. Und was nicht.

Der Lichtschalter. Macht euch am Anfang auch mal rar und vermittelt eurer Herzdame bloß nicht, dass ihr euch zu jeder Zeit ein- und ausschalten lasst, sobald sie das will. Spannend wird ein Lichtschalter doch erst, wenn man sich nicht ganz sicher ist, ob er jedes Mal funktioniert. Und lasst die Frau der Wahl immer mal wieder wissen, dass sich auch andere nette Damen für euch interessieren, ganz beiläufig. Was einfach zu haben ist, wird auf Dauer langweilig. *Und Konkurrenz belebt das Geschäft.* Lass dich also niemals auf kleiner Flamme kochen.

Kein Süßkram! Verzichte beim ersten Treffen auf Blumen, Pralinen oder andere Leckereien. Das könnte falsch rüber kommen: Ein Date ist noch lange nicht der

Beginn einer Romanze oder einer großen Liebe. Pack für den Fall der Fälle lieber eine unauffällige Tafel Schokolade ein, die sich *bei Bedarf* aus der Tasche ziehen lässt, um bei einem Spaziergang daran zu knabbern. Achtung: Damen stehen in der Regel auf Nougat und Schokolade mit hohem Kakao-Anteil, vorzugsweise fair gehandelt. Und bremse dich beim ersten Treffen, so gut es aus deiner Sicht auch läuft. Pflege ein gesundes Maß an Nähe und Distanz. Mit Worten und mit allem anderen auch. Du bist doch kein Spion vom Planeten Testosteron, sondern einfach nur ein bemerkenswerter Single-Mann, der eine Frau an seiner Seite wissen will.

Die digitale Suche ersetzt nicht die analoge! Der Gang ins Netz ist vielmehr ein Mittel zum Zweck, manchmal auch ein Katalysator, ein Starthelfer, ein Anlasser und ein Fahrassistent. Das Leben selbst spielt sich weiterhin draußen ab, an der frischen Luft, und das ist gut so. Und wer weiß? Vielleicht triffst du als Single-Mann ausgerechnet bei der nächsten Landjugendparty in deiner Stadt eine tolle Frau in Latzhosen und im Holzfällerhemd, die du so niemals im Netz finden würdest. Soll heißen, liebe Cowgirls und Cowboys: Geht weiterhin raus, bevor ihr Stunden um Stunden im Netz mit hohem Such(t)potenzial verbringt und leichenblass werdet. Wer steht schon auf Vampire?

Aufpassen! Zur analogen Partnersuche gibt es später mehr, aber diesen Rat schon jetzt: Sprich' die Süße beim Scheunenfest nur an, wenn du dir deiner Sache *absolut* sicher bist. Wenn du es ernst meinst und in dir ruhst. Trägt sie demonstrativ eine Spaltaxt auf der Schulter, solltest du dich fragen, warum das so ist. Gerade im Netz wirst du immer wieder Singles treffen, die mit der Zeit sehr vorsichtig und traurig geworden sind. Und das aus gutem Grund.

NEVER SURRENDER!
FÜR ALLE ENTTÄUSCHTEN.

Und? Wartest du auf der Plattform auch schon seit Stunden, Tagen und Wochen, dass sie dir endlich schreibt? Hast du wieder und wieder deine Mails gecheckt, nur um zu wissen, ob er sich bei dir gemeldet hat? Stattdessen aber wieder nur gähnende Leere im digitalen Briefkasten, während dein Herzblatt auf der Plattform fleißig unterwegs ist? Dann vergiss einfach mal den ständig grün schimmernden Online-Status deiner Flamme und halte es mit Winston Churchill: *We shall fight on the beaches. We shall fight on the landing grounds. We shall fight in the fields and in the streets. We shall fight in the hills. We shall never surrender.* Okay, diese Sätze sind schon sehr alt. Der britische Premierminister Winston Churchill hat sie im Juni 1940 in einer Rede an seine Nation gerichtet, im Zweiten Weltkrieg. Als Plädoyer für Entschlossenheit. Und für den festen Willen, niemals aufzugeben, so verzweifelt die Lage auch sein mag. Und wie hat es auch schon Pat Benatar anno 1983 zeitlos auf den Punkt gesungen: *Love is a battlefield.*

Niemals aufgeben! Auch dann nicht, wenn du es im Netz wieder und wieder mit digitaler Oberflächlichkeit zu tun bekommst. Wenn du eine mehr oder minder brutale Abfuhr erlebst oder dein Herzblatt auf dem Weg zum Ziel mit einem Mal den Rückwärtsgang einlegt und einfach davonbraust. Niemals aufgeben – wenn du im Internet mit Anmachen, Ausflüchten, Pimmel-Bildern und Beschimpfungen überschüttet wirst oder mal wieder einem gedankenlosen Trampel begegnest. Niemals aufgeben – wenn du manchmal den Eindruck hast, dass du einsam in einer weichgespülten

Masse bist, wie es eine Frau im Netz mal auf den Punkt geschrieben hat. Gegen den Strom zu schwimmen, war schon immer eine Herausforderung.

Sperrer abhaken. Bloß nicht aus dem Konzept bringen lassen, wenn eine Frau oder ein Mann dich aus heiterem Himmel auf die Sperrliste setzt, ohne dass du dich im Ton vergriffen hast: Manche Singles im Netz schießen mit Kanonen auf Spatzen. Man fragt sich besser nicht, wie diese Frauen und Männer wohl mit ihrem Partner im *echten Leben* umgehen, sobald es mal nicht so läuft, wie sie sich das vorstellen. Sperren sie ihn oder sie dann auch aus ohne ein klärendes Wort? Manchmal reicht es alleine schon, einem Mann oder einer Frau zu schreiben, dass man nicht an ihm oder an ihr interessiert ist, um postwendend blockiert zu werden.

Beim ersten Mal macht dich diese Art des Umgangs vielleicht noch sprachlos. Doch spätestens beim zweiten *Sperrer* wirst du wissen, dass man diese Fraktion am besten schnell vergisst: Eine an sich sinnvolle Funktion, die dem Schutz vor Online-Stalkern und Trollen dient, wird gerne mal zum persönlichen

Frust-Abbau benutzt, um der Welt da draußen zu zeigen, wo der Hammer hängt und wer hier immer noch das letzte Wort hat.

Sich Zeit nehmen & entschleunigen. Akzeptiere immer auch, wenn sich jemand da draußen ganz bewusst für einen anderen Weg entscheidet als für deinen. Wie im *richtigen Leben* lässt sich nichts erzwingen. Selbst wenn dir das Netz suggeriert, dass du deinen künftigen Partner dort ganz einfach auswählen, konfigurieren und mitnehmen kannst mit nur wenigen Klicks. Es gehört aber viel mehr dazu, wenn es etwas sein soll, das Bestand hat. Das richtige Glück findest du ohnehin erst, wenn ihr beide das Netz verlasst. Wenn ihr beide euch draußen seht, offline, und 1:1 miteinander sprecht. Und wenn ihr merkt, dass das hier weit mehr ist als eine schöne Begegnung. Nehmt euch die Zeit, die ihr braucht, nachdem ihr euch in diesem schnellen Medium gesucht und gefunden habt.

Ghosting – keine Nachricht von Sam. Wichtig im Netz ist vor allem Respekt. Auf beiden Seiten. Wer sich nach einer bislang sehr guten Mail-Korrespondenz plötzlich nicht mehr meldet, abtaucht und für Funkstille sorgt, ist ohnehin nicht der Richtige. Halte dich nicht zu lange mit der Frage auf, warum sich die andere Seite auf einmal nicht mehr meldet. Das kann verschiedenste Ursachen haben: Vielleicht hat sie sich für einen anderen Single entschieden. Warum dein Herzblatt dich aber nicht darüber informiert, bleibt alleine ihr Geheimnis. Stilvoll ist das nicht. Eine faire Absage erfordert nur etwas Mut, Ehrlichkeit und zwei Minuten Zeit. Viele Schatzsucher wählen aber den vermeintlich bequemeren Weg – und tauchen ab wie ein U-Boot. Eine Frau auf Partnersuche hat dieses Phänomen sehr treffend als *Ghosting* bezeichnet: Dein Herzblatt löst sich mit einem Mal in Luft auf. Wie von Geisterhand.

Deinen Schatz ohne Brecheisen suchen. Glück findest du auf Schatzsuche niemals mit der Brechstange. Wer verzweifelt oder verbittert unterwegs ist, strahlt das in der Regel auch aus. Und wer die vielen Nachrichten und Steckbriefe im Netz aufmerksam liest, entwickelt mit der Zeit dafür ein feines Gespür. Was im Umkehrschluss nicht heißen soll, dass man eigene Rückschläge verschweigt – später, wenn es in die Tiefe geht und ihr beide das Netz verlassen habt. Narben stehen für Lebenserfahrung und können sexy sein.

Selbstbewusst bleiben. Du hast eine jahrelange Beziehung hinter dir, die dein Zuhause war? Aufgebaut auf Vertrauen, Liebe, Tiefe und Respekt? Und jetzt bist du wieder Single und kommst dir online im Blätterkatalog mit einem Mal vor wie ein Bewerber unter vielen, der nach allen Regeln der Kunst erst einmal durchleuchtet und abgeklopft wird? Fühlst du dich mit einem Mal auch wieder wie ein Bewerber Anfang 20, der im Assessment Center unter Beweis stellen muss, dass man ihm vertrauen und in jeder Lebenslage auf ihn bauen kann?

Das zu erleben, ist hart und ernüchternd – zumal das Netz nicht ansatzweise den Tiefgang bieten kann, den du mit deinem Partner über Jahre erlebt hast. Lass dir den Stolz auf das, was du dir in deinem Leben aufgebaut hast, niemals nehmen! Und frage dich immer, ob du dich mit einem oberflächlichen Gegenüber im Netz nicht unter Wert verkaufst. Hast du es wirklich nötig, online auf die Knie zu fallen, nur damit man dich erhört?

Single auf Zeit sein! Ich suche hier einen Grund, um mich abzumelden. Und nicht, um immer weiter zu schauen, wer vielleicht zu mir passt. Treffender als dieser Single Anfang 50 kann man es nicht formulieren: Das Internet ist bei der Partnersuche nichts anderes als ein Starthilfekabel. Es lässt den Motor wieder anspringen – repariert ihn aber nicht. Das muss schon vorher erledigt sein. Entweder aus eigener Kraft, mit Hilfe von Freunden und Verwandten, oder aber, bei größeren Schäden, in einer guten Fachwerkstatt. Du suchst hier schließlich einen Partner. Und keinen Therapeuten.

Nicht blenden lassen. Lass dich nicht unter Druck setzen von Menschen, denen im Netz wie auch im *echten Leben* alles zuzufliegen scheint – und die sich vor spannenden Flirts kaum retten können. Wenn du zu denen gehörst, die für alles Schöne im Leben hart arbeiten müssen und ihr Gegenüber in der Regel erst auf den zweiten Blick überzeugen, dann ist das kein Zeichen von Schwäche, sondern von Stärke. Du wirst auf Partnersuche immer wieder Menschen begegnen, denen es genau so geht. Darin liegt im Netz die große Chance – gerade wenn du von dem Schlag bist, der chronisch unterschätzt wird und üblicherweise durchs Raster fällt. Bleibt gelassen und selbstbewusst, so einsam ihr auf der Suche nach eurer Entsprechung manchmal auch seid.

Den Humor nicht verlieren. Gegen Kummer hilft Humor. Gerade auch im Internet. Leiste dir ruhig mal ein Augenzwinkern, einen Schuss Ironie und eine Portion Sarkasmus, wenn du es online mal wieder mit Firlefanz zu tun bekommst. Mit einem Lächeln geht alles besser. Und bleibe deiner Geschichte treu: Definiere dich auf der Suche nach Liebe niemals über das, was dir fehlt. Sondern immer nur über das, was du im Leben gemeinsam erreichen willst.

DRINGEND GESUCHT: EINE GELIEBTE FÜR MEINEN MANN.

Auch jenseits falscher Profile und Nachrichten wird online immer wieder geflunkert, was das Zeug hält. Da betreiben attraktive Singles mit Vollzeitjob schnell mal fünf Sportarten gleichzeitig, ziehen parallel dazu mindestens ebenso viele Kinder groß und sind nebenbei auch noch äußerst erfolgreich im Beruf. Egal, wie sich andere in Szene setzen, um Stärke und Selbstbewusstsein nach außen zu zeigen: Lass dich von *Superman* und *Wondergirl* im Netz nicht unter Druck setzen, was deine eigenen Stärken betrifft. Für jeden von uns hat der Tag auch weiterhin nur 24 Stunden und die Woche sieben Tage. Selbst wenn der US-Präsident auf Twitter irgendwann mal etwas anderes behaupten sollte und Millionen das glauben.

Andere Steckbriefe auf Single-Plattformen wiederum machen einfach nur ratlos. So wie dieser hier: *Sorry, liebe Männer,* las ich einst auf der Seite einer Frau aus dem Ruhrgebiet. *Ich suche hier keinen Mann, sondern eine Frau! Ja, ihr lest richtig! Eine Frau!* Und warum? Nun, sie habe bereits einen tollen Mann, schrieb die Dame. Und sie habe auch einen tollen Job, der ihr aber viel Zeit abverlange – auf Geschäftsreise, immer unterwegs. Zeit, die ihr und *Superman* für gemeinsame Aktivitäten fehle.

Das könne sie sich so nicht länger ansehen, und genau deshalb habe sie mit ihrem Gatten einen Deal gemacht: Wenn schon eine Geliebte, dann bitte die Richtige! Eine, die zu 100 Prozent passt und die beiden Seiten ein gutes Gefühl gibt, wenn es mal wieder auf Geschäftsreise geht und es einsam wird für den Mann daheim. Und genau deswegen suche sie jetzt und hier die passende Geliebte. *Bei Interesse einfach melden. Bei gegenseitiger Sympathie gibt es dann Fotos von meinem Mann.* Okay, dachte ich, als ich mir den Fall notierte und wenig später dieses Kapitel hier schrieb: Was passiert eigentlich, wenn sich die Geliebte eines Tages einen Geliebten sucht, weil sie nicht länger nur die Geliebte sein will?

LIEBE IST EIN SCHLACHTFELD: DIE GEHEIMNISVOLLE SOLDATIN.

Sie trägt ein Barett und betrachtet dich mit stechendem Blick. An ihrem Profilbild im Internet bleibt jeder hängen, wenn auch nur für einen Moment. Denn ihr Bild fällt aus dem Rahmen: Die Frau auf dem Steckbrief-Foto, Anfang 30 vielleicht, trägt eine Armee-Uniform. So könnte sie auch aus einer Image-Kampagne der Bundeswehr stammen. Vor vielen Monden hörte ich mal von einer Frau, die online ebenfalls auf Schatzsuche war, dass ihr dort Mick Hucknall von Simply Red begegnet ist. Natürlich nicht persönlich, sondern in Form eines Fotos, das ein User von einem Plattencover geklaut und dann als sein eigenes Profilbild auf die Plattform gestellt hat. Darauf angesprochen, hat Mr. Right dann nur mit einem debil grinsenden Smiley geantwortet und sich digital verkrümelt. Ohne zu singen, versteht sich.

Der Lebenslauf der fremden Soldatin war vom selben Kaliber. Und gab kaum etwas preis. Wenig später war auf ihrem Dating-Profil der beherzte Gästebucheintrag eines Users zu finden. *Finger weg, Leute!* mahnte der Artgenosse und zitierte eine Antwort, die er von der Frau in Uniform bekommen hatte: Sie kämpfe derzeit für den Frieden und die Freiheit im Ausland und habe deshalb kaum Zeit für die Suche nach einem Partner in der Heimat. Das alles hatte sie ihm im gebrochenen Deutsch eines schlechten Übersetzungsprogramms geschrieben. Umso mehr freue sie sich auf einen Mann, der es zu Hause ernst mit ihr meint. *Achtung Männer: Alles frei erfunden!* Diese Gästebuch-Warnung hallte nach wie ein Gewehrschuss, und wenig später war die Frau mit dem Barett aus dem Portal verschwunden. Wo sie jetzt wohl gerade kämpft?

DIE LIGA DER GUTEN IM NETZ.
WAS DICH NACH VORNE BRINGT.

So seltsam und abgedreht manche Damen auch waren, denen ich auf meiner digitalen Durchreise begegnet bin: Die Mehrheit war vernünftig, eindeutig irdischer Herkunft und ebenso auf der Suche wie ich. Für sie alleine hat es sich gelohnt, die Antennen auszufahren und auf gleicher Frequenz zu senden, selbst wenn es „nur" bei einem Erfahrungsaustausch unter Singles geblieben ist. Für beide Seiten ein Gewinn, der jeder Schatzsucherin und jedem Schatzsucher Mut macht: Manchmal findet man auf der Suche nach Liebe einfach nur die Bestätigung, dass man nicht auf dem Holzweg ist. Jede gute Begegnung bringt dich nach vorne und lässt dich wachsen, sobald du siehst, dass du alles bist, nur nicht allein.

ES IST KOMPLIZIERT?
EINFACH MAL DEN STECKER ZIEHEN!

Für die Partnersuche im Internet gilt, was auch im *richtigen Leben* weiterhilft, wenn die Lage verfahren ist: Stecker ziehen und Abstand nehmen! Ein Wandmosaik erkennt man erst in seinen Ausmaßen, wenn man die Perspektive wechselt und ein paar Meter nach hinten oder zur Seite geht, um das vollständige Bild zu betrachten. Und verfahren kann es sehr schnell werden, wenn einer deiner Kontakte mit einem Mal in die Tiefe geht – positiv wie negativ: Ist sie sich ihrer

Sache doch nicht sicher? Gab es ein Missverständnis beim Hin und Her der Textnachrichten? Fährt dein Gegenüber auf der Plattform nach wie vor mehrgleisig, setzt dich immer wieder auf die Ersatzbank und hält dich hin? Oder passiert es auch dir immer wieder, dass du aufrichtig suchst und doch nur auf Frauen und Männer triffst, für die das alles hier ein bloßer Zeitvertreib ist und *nice to have?*

Dann ist es Gold wert, einfach mal den Computer und das Handy auszuschalten. Offline zu sein, mal wieder Freunde aus Fleisch und Blut zu treffen, um ihnen alles zu erzählen und sie um eine Einschätzung zu bitten, ist nichts anderes als der Gang nach hinten oder zur Seite, um das Mosaik in Ruhe zu betrachten. Ohne das digitale Grundrauschen, das dich in den Wahnsinn treiben kann, wenn du in Fünf-Minuten-Schleifen dein Postfach öffnest, um es doch nur wieder mit *Instant Love* zu tun zu bekommen.

Frage dich auch immer wieder, wie viel Zeit du eigentlich täglich vor dem Rechner oder mit dem Handy verbringst auf der Suche nach deinem Gegenstück. Gegebenenfalls ist es gut, die Suchrunden im Blätterkatalog drastisch zu verkürzen und lieber mal wieder rauszugehen. *Display-Liebe ist nicht alles!* Und die stundenlange Suche danach kann erst recht einsam machen. Manchmal ist weniger mehr. Ausloggen auf Zeit muss dir immer möglich sein, ohne dass du sofort Bauchschmerzen bekommst.

Hast du es im Netz mal wieder mit einem Geist zu tun bekommen? Dann lass ihn ziehen und schalte ab! Das Leben ist zu kurz für Online-Spuk! Loszulassen, bevor es wehtut, ist extrem wichtig. Einen Schlussstrich unter einen Kontakt zu ziehen, wird dir niemand übel nehmen, wenn du gute Gründe hast und nicht selbst zu einem Geist werden willst, der sich einfach nur verkrümelt: *Was du schreibst, kann ich nicht teilen. Und deshalb beenden wir das hier jetzt.*

Und wenn es trotzdem Beschimpfungen hagelt? Nur weil du ehrlich bist und sagst, dass sich Sympathie und Liebe nicht erzwingen lassen? Stecker raus, offline gehen – und einfach löschen, was sonst noch kommt. Du siehst selbst, wann es soweit ist, mit einer Frau oder einem Mann guten Gewissens das Netz zu verlassen. Telefonnummern und Adressen sind bis dahin heilig:

Nur so ist es dir möglich, zwischendurch auch mal abzuschalten, offline zu sein und in Ruhe über alles nachzudenken, sollten die Umstände das erfordern. *Old school* – ohne Maus in der Hand und ein Display im Blick.

Und wenn es gar nicht geht und dir die Partnersuche im Netz suspekt bleibt? Dann meldest du dich einfach wieder ab! Das ist alles andere als eine Niederlage, sondern einfach nur die Entscheidung für einen anderen Weg bei der Suche nach deinem Schatz. Internet und Smartphones haben unser Leben schon genug beschleunigt und die Tage fragmentiert. Und sie lassen uns vergessen, dass manche Dinge im Leben einfach das brauchen, was wir alle da draußen kaum noch finden: *Zeit*.

Immer dann, wenn es mir selbst mal wieder zu bunt wurde im Netz, habe ich mich aufs Fahrrad gesetzt und bin zu meiner Bank gefahren, weit draußen auf dem Land. Dort ist kein Geld, sondern einfach nur Stille abzuheben. Auf meiner Bank am Wanderweg kann man entspannt in die Ferne sehen und das Konto nach Belieben überziehen. Zinsfrei, versteht sich.

LIEBE 04 TRIFFT LIEBE 09: FRAUEN, FUSSBALL & FRAGEN DES GLAUBENS.

Frauen haben keine Ahnung von Fußball! Wer das behauptet, hat die vergangenen 20 Jahre in einem Erdbunker ohne Radio, Fernsehen und Internet verbracht. Lasst es euch sagen, während ihr die Steigleiter nach oben nehmt: Längst ist auch diese männliche Bastion gefallen. Und gerade im Ruhrgebiet zieht sich auch durch Single-Börsen ein tiefer Graben, sobald es um die Konfession geht. Und um die Frage aller Fragen: *S04 oder BVB?* So gibt es mehr und mehr Frauen, die sich wahlweise im blau-weißen oder im schwarz-gelben Trikot für ihren Online-Steckbrief ablichten lassen. Klare Meinung nicht weniger Damen aus dem Großraum Dortmund bzw. Lüdenscheid-Nord: *Ein Stalker kommt mir nicht ins Haus! Und ein Schalker erst recht nicht!*

Okay, ihr Knappen da draußen: Stellt euch bei eurer Suche nach Liebe also auf entsprechenden Gegenwind in diesem Landstrich ein. Umgekehrt natürlich auch. Wobei es Ausnahmen gibt: Mir ist eine Eheschließung zwischen beiden Konfessionen bekannt. Und der Verfasser dieser Zeilen möchte nicht wissen, was daheim dann bei einem Revierderby los ist. Oder wenn die Kinder aus solchen Verbindungen eines Spieltages ins Fußballalter kommen und längst nicht mehr jeden Schnuller akzeptieren, den man ihnen zu den Klängen eines Vereinsliedes hinhält.

Und dann sind wir schnell wieder bei den Gegensätzen, die sich wahlweise anziehen oder abstoßen. Simple Physik auf dem Weg zur Deutschen Meisterschaft: Ist es für dich als beinhartem Schalker wirklich klug, deine Freundin mit BVB-Dauerkarte am Samstag in ihr Stadion zu begleiten und dabei auch noch dein blau-weißes Trikot zu tragen? Okay, wenn dein Herzblatt Sitzplätze in einer gut abgeschirmten Loge besorgt hat, könntest du damit vielleicht noch durchkommen. Aber was machst du, wenn deine Freundin Karten für die Südtribüne hat und du der einzige Schalker unter 35.000 gut gelaunten Borussen bist? Und da ist sie wieder, die berüchtigte Grenzerfahrung. Dieses Szenario lässt sich natürlich auch 1:1 auf die Nordkurve in Gelsenkirchen übertragen. Als Schalker oder Dortmunder für die große Liebe aus dem Internet einfach die Seiten wechseln und konvertieren? Niemals! Alles im Leben hat Grenzen. *Glück auf!*

MEHRGLEISIG FAHREN
& ANSTAND BEWAHREN.

Wer im Netz entspannt und ehrlich nach seinem Schatz sucht, landet früher oder später dennoch in der Zwickmühle: Du hast Kontakt zu einem tollen Single, weißt aber noch nicht, was sich daraus entwickelt. Ein Flirt, eine nette Bekanntschaft oder sogar auf Dauer Liebe? Keine Frage: Du brauchst Zeit, um die andere Seite erst mal in Ruhe kennenzulernen. Ein paar Tage, ein paar Wochen. In dieser Phase schreibt dich dann aber ausgerechnet jemand an, der ebenfalls Tiefe hat und möglicherweise derjenige oder diejenige ist, die alle bisherigen Kontakte links überholt und genau der Volltreffer ist, auf den du wartest. Was nun? Freundlich absagen und mitteilen, dass du bereits einen Kontakt auf der Plattform pflegst, der Potenzial hat? Oder einfach zurückschreiben wie bisher bei allen anderen auch – und sie oder ihn ebenfalls ganz in Ruhe kennenlernen?

Auf zwei Gleisen unterwegs zu sein, was auf Plattformen schnell passieren kann, geht gut, solange die Schienen parallel verlaufen. Doch spätestens dann, wenn eines der Gleise eine andere Richtung nimmt, und wenn auch nur ganz sachte, musst du dich für einen der Züge entscheiden. Alles andere kann dich entgleisen lassen. Auch das spricht dafür, gerade am Anfang nicht mit zu hohem Tempo auf die Strecke zu gehen – auch wenn viele Singles im Internet so verfahren und Druck machen, was der Dampfkessel hergibt. Deshalb ist es wichtig, von Anfang an mit offenen Karten zu spielen und anständig zu bleiben. Dir gegenüber und der anderen Seite im Blätterkatalog auch: *Wir können uns hier gerne schreiben und uns besser kennenlernen, wenn es okay für dich ist, dass ich einen weiteren Kontakt habe, der ebenfalls bemerkenswert ist.*

Das wäre eine Möglichkeit, um zu verhindern, dass unterwegs jemand verletzt wird, bevor der Zielbahnhof in Sicht kommt. Dann hat die andere Seite freie Wahl: Dir weiterhin schreiben und mit Blick auf die Konkurrenz auf die eigenen Stärken setzen? Oder doch besser einen anderen Zug nehmen? Einfach ist auch in diesem Fall anders, und das ist ein Grund, warum so viele Singles ihr Gegenüber im Netz hinhalten, ohne überhaupt noch richtig bei der Sache zu sein – weil die Würfel woanders längst gefallen sind.

Auf mehreren Gleisen zu fahren, ohne es den anderen zu verraten, birgt aber noch ein weiteres Risiko: Rechne bloß nicht mit Verständnis, wenn du Namen von Zügen verwechselst und beim Schreiben einer Nachricht aus *Gabi (Zug 1)* in der Anrede zum Beispiel *Martina (Zug 2)* machst. In einer Mail ist das schon schlimm. Bei einem Telefonat oder Treffen im *richtigen Leben* wäre das fatal! So spricht Vieles dafür, sich allenfalls auf zwei Gleise zu konzentrieren – und damit immer den Überblick zu behalten. Es sei denn, deine Wohnung oder dein Haus ist groß genug für eine Magnettafel, auf der sich die Namen all deiner Herzblätter im Netz wiederfinden – nebst Notizen mit ihren wichtigsten technischen Daten. Wie war das noch gleich? Ist Zug 1 alleinerziehend und mit zwei oder drei Junior-Waggons unterwegs? Die Magnettafel sollte dann auch unbedingt in der Nähe sein, sobald dich die Lokführerin von Zug 1 mal anruft und sofort wieder auflegt, weil du sie mit *Hallo Martina* anstatt *Hallo Gabi* begrüßt hast. Gesagt ist gesagt, und wenn Gabi erst mal Martina ist (oder Martina Gabi), schafft kein Bahn-Manager dieses Chaos wieder aus der Welt. Alles klar soweit? Deshalb: Verzettelt euch nicht, im wahrsten Sinne des Wortes.

Ich habe online immer wieder erlebt, dass Singles so ehrlich waren, bereits in ihrem Profiltext darauf hinzuweisen, dass sie erst einmal keine weiteren Zuschriften wünschen, weil sie Kontakte gefunden haben, auf die sie sich bis auf Weiteres konzentrieren möchten. So etwas kommt bei denen, die ebenfalls mit Anstand suchen, positiv an: *Endlich mal jemand, der auch an die andere Seite denkt und nicht immer nur an sich selbst!* Das steht für Wertschätzung und ist exakt das Gegenteil von *Convenience Love*. Die macht genauso wenig satt wie *Convenience Food*. Schnell kann jeder: Auf eine Schatzsuche mit Tiefgang kommt es an. Behandle dein Gegenüber immer so, wie du selbst behandelt werden möchtest. Mit Respekt.

STRANGERS IN THE NIGHT: WENN ES EINDEUTIG ZWEIDEUTIG WIRD.

Singles, die im Netz einen Partner suchen, werden sie früher oder später erhalten: eindeutig zweideutige Zuschriften. In der Regel kommen sie von Leuten mit *Es-ist-kompliziert*-Beziehungsstatus. Und häufig trifft es Frauen: Die jungen werden von zum Teil deutlich älteren Herren kontaktiert. Die älteren von zum Teil deutlich jüngeren Männern, die sehr schnell zur Sache kommen. Da gibt es den gepflegten und gut situierten Oldtimer mit Ehering, der eine junge Frau an den Raffinessen seiner jahrzehntelangen Erfahrung im Bett teilhaben lassen will. Oder den jungen und nach eigenem Bekunden gut gebauten Sex-Novizen, der mit einer deutlich älteren Frau unbedingt seine Premiere feiern möchte. *Jugend forscht!* Also aufpassen: Auf Single-Plattformen sind Freibeuter unterwegs. Und das unabhängig davon, ob es sich um eine kostenlose oder um eine bezahlte Mitgliedschaft handelt. Natürlich, könnte man vermuten, treiben sich in Gratis-Foren weit mehr Abgreifer herum als auf kostenpflichtigen Plattformen. Doch manche von ihnen scheinen gerade die Bezahlschranke zu schätzen, weil sie sich dahinter vor misstrauischen Partnern sicher wähnen: Ohne konkreten Verdacht Geld in die Mitgliedschaft auf einer Plattform für Singles zu investieren, um Klarheit zu bekommen, ob der eigene Angetraute dort unterwegs ist, machen längst nicht alle.

Und wenn man eine Sex-Anfrage bekommt, obwohl im eigenen Profil sehr deutlich steht, dass man kein Trostpreis und auch kein One-Night-Stand ist? Löschen, abschalten und am besten eine Runde mit dem Hund rausgehen. Gleiches gilt für hartnäckige Schreiber, die mit bösen Zeilen auf Absagen reagieren und die Welt nicht mehr verstehen, weil sie doch die Besten und Größten sind. Der Lösch-Button ist greifbar nahe, und die Erfahrung zeigt, dass Anbieter seriöser Plattformen umgehend reagieren, sobald sie den Hinweis auf Verstöße gegen ihre Regeln bekommen. Verbale Gewalt und Belästigungen spielen im Netz leider auch bei der Partnersuche eine nicht unerhebliche Rolle. Genau deswegen gehen viele Frauen dazu über, selten oder überhaupt nicht mehr auf eine Zuschrift zu antworten, wenn ihrerseits kein Interesse besteht. Da spielt es dann auch keine Rolle, ob man sich als Mann beim Erstkontakt nun Mühe gibt und anständig verhält – oder eben nicht. Schlechte Erfahrungen prägen.

I JUST LOVE TO SAY I CALL YOU: TELEFONIEREN GEHT ÜBER STUDIEREN!

Ihr habt euch im Internet und per Chat-App genug hin und her geschrieben, und das ist auf Dauer zu mühsam? Dann bleiben zwei Möglichkeiten: Ihr vereinbart direkt ein Treffen. Oder ihr telefoniert erst mal. Aus purer Neugier oder um die Stimme eures

Gegenübers zu hören und ein Gefühl dafür zu bekommen, ob ihr euch über Mails hinweg auch sonst etwas zu sagen habt. Wie schön ist es, mal wieder in Ruhe mit einer Frau oder mit einem Mann mit Soul in der Stimme zu telefonieren!

Immer nur mit stabiler Verbindung. So praktisch es im Alltag auch ist: Muss es für das erste Telefonat unbedingt das Smartphone sein? Wenn ja, denkt vorher daran, dass der Akku aufgeladen ist und dass ihr ein stabiles Netz habt. Nichts ist schlimmer als ein erstes Gespräch, das plötzlich abreißt, weil die Technik nicht mitspielt. In diesem Fall läuft das Telefonieren über das Festnetz weitaus entspannter. Es sei denn, draußen schlägt der Blitz in die Leitung ein, weil Petrus etwas gegen eure Verbindung hat. Und wenn du bei der Herausgabe deiner Rufnummer aus erklärten Gründen vorsichtig bist, dann rufe ihn inkognito an. Soviel Privatsphäre muss sein.

Der Tante-Erna-Telefon-Joker. Alternativ dazu kannst du ihm oder ihr ja auch die Festnetznummer deiner Patentante Erna geben – und du telefonierst von ihr aus entspannt, während Erna am Sonntagnachmittag beim Jahrestreffen der Landfrauen oder beim Brötchenschmieren der DRK-Ortsgruppe ist, um treue Blutspender zu versorgen. Dann habt ihr zwei eure Ruhe, und Tante Erna wird im Zweifelsfall schon niemand stalken. Der Fairness halber weihst du Tante Erna aber bitte in dein Vorhaben ein und spendierst ihr dafür mal einen mit Liebe gebackenen Frankfurter Kranz, wenn es am Telefon gefunkt hat.

Old-School-Konversation. Das hier ist nicht zuletzt ein Plädoyer für altertümliche Kommunikation. *Nicht nur mailen und chatten, sondern auch live miteinander sprechen!* Viele, die online nach Liebe suchen, halten ohnehin nichts von langer Konversation per Display. Und Gesprächsthemen habt ihr zwei doch genug: Das beginnt bei euren Erfahrungen im Internet und endet bei all den Fragen, die ihr habt – zum Steckbrief eures Gegenübers, zu einem besonderen Hobby oder zu den Erwartungen an eine Partnerschaft.

Seht nach Möglichkeit davon ab, über eure anderen Kontakte auf der Plattform zu sprechen – im Positiven wie im Negativen. Es dreht sich alleine um euch beide und macht keinen guten Eindruck, wenn das

Gegenüber lästert: *Die anderen Frauen hier kannst du alle vergessen!* Oder: *Die anderen Männer hier denken nur mit ihrem* PIEP!

Ruhe suchen & Spannung finden. Nicht auszuschließen, dass ihr zwei gleich beim ersten Mal stundenlang telefoniert. Deswegen: Nehmt euch Zeit und bleibt gelassen. Bloß nicht zwischen zwei Terminen anrufen und am besten früh abends oder am Wochenende. Für den Fall der Fälle hilft dir ein Spickzettel, damit du alles auf dem Radar hast, solltest du etwas nervös sein. Wenn es am Telefon gut läuft und die Chemie stimmt, steht einem Treffen dann nichts mehr im Wege.

DAS ERSTE DATE.
JETZT WIRD'S ERNST!

Rotalarm! Das erste Online-Date steht an! Was nun? Locker bleiben und an einem Ort treffen, der ebenso öffentlich wie verschwiegen ist. Also nicht unbedingt in einer Bar, in der die Musik so laut ist wie ein startender Kampfjet auf einem Flugzeugträger im Persischen Golf. Vielleicht bei einem entspannten Spaziergang am See, im Park oder auf einem Rundweg, der Raum für Gespräche lässt, bei denen jeder sein eigenes Wort versteht und dennoch niemand lauscht. Einen entscheidenden Vorteil hat der konventionelle Spaziergang außerdem: Man sitzt sich nicht so steif gegenüber – wie in einem Lokal, das so gediegen wie eine Grabkirche ist.

Kerzenlicht braucht es nicht. Es soll Schatzsucher geben, für die ein Candlelight-Dinner die erste Wahl ist, denn es geht ja schließlich um Liebe. Das ist schön, wenn man sich beim Date auf Anhieb versteht. Und ein Alptraum, wenn das Gespräch einfach nicht in die Gänge kommt oder nach zwei Minuten feststeht, dass es überhaupt nicht passt. Dann wird der Dinnertisch zur Streckbank und jeder Blick zur Daumenschraube. Bis endlich das Essen kommt, dauert es noch einmal geschlagene 30 Minuten. Auf der anderen Seite ist ein *Candlelight-Döner* nicht wirklich eine Alternative.

Frische Luft statt Kneipen-Duft. Trefft euch am besten draußen, an einem schönen Tag! Dann kannst du deinen Blick immer mal wieder in die Ferne schweifen lassen und dich zwischendurch sammeln. Und ihr schaut euch nicht die ganze Zeit in die Augen. So hat jeder Blickkontakt gleich einen anderen Stellenwert.

Wenn es gut läuft, schaut ihr einfach gemeinsam in den Himmel über euch und deutet die Wolkenformationen da oben. Du musst ja nicht gleich sagen, dass dich die Wolke südwärts gerade an ein Schnitzel mit Pommes erinnert. Herzchen und Schafe tun es auch.

Breaking bones & Indiana Jones. Abenteuer-Dates – etwa im Hochseilgarten oder bei einer dreistündigen Höhlenwanderung – sollte man nur dann unternehmen, wenn beide Seiten Sturzhelme besitzen und ganz sicher sind, dass das nicht zu einer Nahtod-Erfahrung führt. Von einem gemeinsamen Tauchgang ist beim ersten Treffen in jedem Fall abzusehen: Unter Wasser funktioniert Kommunikation nur bedingt. Und den Fallschirmsprung Seite an Seite hebt ihr euch am besten für die Silberne Hochzeit auf.

Auch ganz stark: Skulpturenpark. Inspirierend kann der gemeinsame Besuch einer Ausstellung sein, wenn man das Faible für Kunst teilt – und weil dabei immer gleich ein Gesprächsthema vor Augen ist. Zum Beispiel, wenn ihr zwei in einem Skulpturenpark unterwegs seid und beide das Gleiche mit einem der Exponate verbinden. Es muss ja nicht unbedingt das monumentale Phallus-Symbol aus Eisen sein, das sich im Park vor euch erhebt wie eine stumme Offenbarung. *Sexponate* also unbedingt meiden!

Drauflos gelogen – aufgeflogen! Wirklich nervös solltest du vor einem Date nur dann sein, wenn du im Netz nicht von Anfang an mit offenen Karten gespielt und gehörig geflunkert hast. Wenn du zum Beispiel ein Foto von Brad Pitt oder Robert de Niro (oder von beiden zusammen) als dein eigenes Profil ins Internet gestellt hast. Wenn du dich 20 Zentimeter größer oder 20 Kilogramm leichter oder 20 Jahre jünger gemacht hast, damit sie oder er anbeißt. Jetzt fliegt deine Tarnung zuerst auf und dir danach auch noch um die Ohren! In diesem Fall sagst du am besten einfach die Wahrheit – und danach schnell das Date ab, *bevor* ihr euch trefft. Erspare dir und ihr in diesem Fall auch rote Rosen: Sie wird dich als Falschspieler aus dem Netz trotzdem nicht anlächeln und wohl kaum mit einem Seufzen zu dir sagen: *Okay, mein Bester, du hast zwar ein geklautes Foto in deinem Steckbrief verwendet und mich mit deinem Gewicht total verarscht, aber ich finde dich trotzdem toll und glaube, dass ich mich gerade in dich verliebe.*

Bloß nicht verstellen! Bedenkt bei allem, was ihr in euren Steckbrief schreibt und an Bildern ins Netz stellt: Im Idealfall sucht und findet ihr ein Gegenstück, das mit euch alt wird. Und das Augen hat, um zu sehen. Geht so zum Date, wie ihr immer seid! Verkleidet euch nicht! *Wenn sie dich so mag, wie du bist, ist es besser, als wenn du so bist, wie sie das mag. Oder vielleicht mögen könnte.* Soll aber nicht heißen, dass ihr in eurer liebsten Jogginghose vom Wohnzimmersofa aus am Treffpunkt aufkreuzt, mit Kartoffelchips in den Taschen. Das beschert euch eher eine Nacht in der Ausnüchterungszelle als die Frau fürs Leben. Und der Dame obendrein auch noch eine spontane Ohnmacht, die sich gewaschen hat. Wenn ihr ganz großes Pech habt, dann geht sie dabei auch noch direkt ins Licht und ist nie wieder gesehen.

Vorsichtig bleiben! Bei allem, was ihr da draußen auch unternehmt – bleibt gerade beim ersten Treffen vorsichtig. Und wenn er noch so sehr ein Gentleman ist: Entscheide selbst, ob er dich zum Abschied wirklich noch bis zum Auto begleiten darf – und dabei unter Umständen dein Kennzeichen sieht. In jedem Fall: Informiere mindestens einen lieben Menschen aus deiner Familie oder aus deinem Freundeskreis vorab darüber, mit wem du dich triffst und wo ihr euch seht. Das hat nichts mit Misstrauen zu tun, sondern einfach nur mit gesunder Vorsicht. Und: Ein erstes Date bei ihm oder bei ihr zu Hause darf es *niemals* sein! Ich habe im Netz mal von einer Frau gelesen, die beim ersten Treffen direkt zu ihm nach Hause gefahren ist – und das Gefühl nicht los wurde, dass noch jemand im Landhaus war. Wo und warum auch immer. In diesem Fall hatte die Schatzsucherin noch Glück und war schnell wieder im Auto. Aber man kann sich ausmalen, was da hätte passieren können.

Und auch das dient deiner Sicherheit: Wenn du beim ersten Treffen in der Bar zwischendurch mal zur Toilette musst, trinke vorher dein Glas oder deine Tasse am besten aus. Und bestelle erst Nachschub, wenn du wieder Platz nimmst. Drinks unbeaufsichtigt stehen zu lassen, birgt das Risiko, dass jemand etwas hinein mischt, sobald du fort bist. Liest und hört man immer wieder. Denke immer daran: Ihr lernt euch bei allem Vertrauen nach der Begegnung im Netz gerade erst kennen – und erzählen lässt sich viel. Ob drinnen oder draußen: Trefft euch in jedem Fall in der

Öffentlichkeit, wo auch andere Menschen unterwegs sind. Ob man sich zur Begrüßung und zum Abschied kurz umarmt, ergibt sich ganz spontan.

Gut vorbereiten! Es kann nie schaden, sich noch einmal ihren oder seinen Steckbrief in Ruhe anzusehen, bevor du aufbrichst, um dein Herzblatt zu treffen. Das erspart euch Missverständnisse. Und du hast sehr schnell auf dem Radar, was du über ihn oder sie noch nicht weißt. Wenn die Chemie stimmt, läuft das Gespräch ohnehin wie von selbst und sprengt jedes vorher zurecht gelegte Konzept. Schraube je nach Stand der Dinge zu hohe Erwartungen an die erste Begegnung zurück und gib nichts auf die vermeintliche Laborsituation. Sieh das einfach nur als Treffen und nicht als Rendezvous. Das macht alles entspannter und löst jeden Krampf, der sich ergibt, wenn man sofort mit dem Gedanken an den Start geht, gleich die Liebe seines Lebens zu treffen.

Erwartungen zähmen. Natürlich haben alle, die einen Partner suchen, ob digital oder analog, eine bestimmte Erwartung. Die einen wollen sofort den Himmel voller Geigen, die anderen zunächst nur einen Flirt oder eine

Romanze. Andere wiederum suchen „einfach nur" einen Freund oder eine Freundin, neben dem oder neben der man morgens aufwacht – in dem Wissen, nicht mehr ganz so allein zu sein auf der Welt. Für sie alle können zu hohe Erwartungen wahlweise wie Gift oder Säure wirken und alles Schöne, was mit der ersten Begegnung live verbunden ist, zunichte machen. Sich mit zu viel Euphorie und Tempo seinem Gegenüber zu zeigen, geht in der Regel nach hinten los. Verzichtet auf Besitzdenken und bremst euch, wenn ihr die Tendenz habt, den zweiten Schritt schon vor dem ersten zu machen: Ein Date ist in erster Linie ein Kompliment und ein Vertrauensbeweis – und weder ein Versprechen noch ein Konzert mit großem Orchester. Hänge das Treffen auch deshalb nicht zu hoch, gerade am Anfang. Das schützt dich vor Enttäuschungen.

Zäune zerschneiden. Zäune dich nicht selbst mit Vorbehalten, Skepsis und Misstrauen ein – ganz gleich, was du in vorherigen Partnerschaften auch erlebt hast: Das hier ist die Chance auf einen Neustart und nicht der Ersatz für etwas, das dir abhanden gekommen ist. Triffst du dich mit einem Menschen, der um sich herum nur noch Zäune sieht und sich fragt, ob er diese auf der

Suche nach Liebe jemals wieder überwinden kann, dann zeige ihm, wie man Stacheldraht mit einem Lächeln durchtrennt und hinter sich lässt. Barrikaden spielen dann keine Rolle mehr.

Wellenbrecher finden. Wer auf Nummer sicher gehen will und das vorher noch nicht getan hat, telefoniert spätestens jetzt mit seinem Gegenüber, bevor es zum ersten Treffen kommt. Gemeinsame Interessen – etwa, was Filme, Musik, Sport und Bücher betrifft – haben ebenso das Zeug zum Wellenbrecher wie Humor und Tiefgang. Achtet unbedingt auch auf eure Haltung, Körpersprache und auf die kleinen Gesten – und verstellt euch nicht. Das merkt euer Gegenüber. In der Regel ist sehr schnell klar, ob sich Elektrizität zwischen euch entwickelt und ob man sich wiedersehen will.

Du kannst nur gewinnen! Und ganz gleich, wie es ausgeht: Jede Begegnung draußen ist ein Gewinn – auch wenn sie vielleicht nicht (sofort) das Ergebnis bringt, das du dir erhoffst. Du lernst in jedem Fall einen Menschen kennen, der ebenso auf der Suche ist wie du selbst. Und du hörst, was andere Singles erleben in ko(s)mischen Weiten. Das kann inspirierend sein auf deinem weiteren Weg. Und was hast du schon zu verlieren außer einem Abend zu zweit?

Heavy Dater. Ob es wirklich klug ist, zügig Date auf Date folgen zu lassen, sei einmal dahingestellt. Singles, die zig Treffen auf ihrem Konto haben, strahlen das mitunter auch aus, wenn man ihnen begegnet als Nummer 57 oder 58 auf ihrer Liste: Können sich *Heavy Dater* überhaupt noch vorbehaltlos auf ihr Gegenüber einlassen? Oder sind sie mit ihren Gedanken längst schon bei Nummer 59 und 60 aus dem Netz? Verglichen mit Singles, die lange vergeblich auf ein Treffen hoffen, können *Heavy Dater* aus dem Vollen schöpfen, was gute Erfahrungen wie auch pure Ernüchterung betrifft. Ein schmaler Grat.

Marktwert-Tester. Ist man im Netz irgendwann nur noch unterwegs, um zu suchen und nicht um zu finden? Hilft *Heavy Dating* wirklich gegen Langeweile und Einsamkeit? Macht es vielleicht sogar selbstbewusst? Gibt es Aufschluss über den eigenen Marktwert? Und wie fühlt sich eigentlich dein Gegenüber, wenn es erfährt, dass das hier nur einer von vielen Terminen ist? Wie viel Zeit gibt dir ein *Heavy Dater*, bis er weiterzieht? Verliert das erste Treffen damit seinen Reiz, seine Magie? Stumpfen Dating-Profis auf dem Markt der Möglichkeiten irgendwann ab? Manchmal liegt in einer Frage gleich auch schon die Antwort.

KURZ WINKEN & DANN WEITER!
DEJA VU AUF ACHSE.

Dir kann es als Schatzsucher im Netz durchaus passieren, dass die digitale Welt mit einem Mal auf die analoge trifft. Stell dir vor, dass du auf dem Weg zur Arbeit eines Morgens überrascht einem bekannten Gesicht begegnest. Eine Mutter im Mittelalter, die ihre Jungs zum Schulbus bringt, die Taschen im Schlepptau, wie immer abgehetzt und wie immer auf den letzten Drücker. Auf dem Foto im Single-Katalog, das du erst vor wenigen Tagen gesehen hast, lächelt die Frau eigentlich ganz zuversichtlich – obwohl gleich darunter in ihrem Status steht, dass sie sich einsam fühlt. Geantwortet hat sie dir trotzdem nicht.

Im Vorbeifahren spielst du spontan mit dem Gedanken, der Frau aus dem Netz einfach kurz zuzuwinken, morgens um 7.18 Uhr, durch die Windschutzscheibe, im Pendlerstrom, mit einem irren Drängler fast schon im Kofferraum. *Vielleicht winkt sie ja zurück. Ohne im ersten Moment zu wissen, woher wir zwei uns eigentlich kennen.* Letzten Endes lässt du es aber bleiben, weil der Drängler hinter dir hupt. *Vielleicht ja beim nächsten Mal* – und du fährst weiter.

Ich bin auf einer Plattform mal einer Arbeitskollegin begegnet und habe sie angeschrieben, ohne zu wissen, dass sie nur ein paar Türen weiter gearbeitet hat, weil ich noch ganz frisch in der damaligen Firma war. *Au Backe! Wie peinlich! Und was jetzt?* Irgendwann, in einem günstigen Moment, habe ich die Kollegin beim Mittagessen in der Kantine über meinem Schnitzel mit Pommes einfach darauf angesprochen, und wir haben spontan gelacht: Meine Nachricht hatte sie noch gar nicht gelesen, weil auch sie auf der Plattform mit Mails überflutet wurde und deshalb genervt offline blieb.

So haben wir zwei uns bis zum Ende der Pause recht lebhaft von unseren Erfahrungen im Netz erzählt – und dabei so manche Parallele zwischen Frauen und Männern auf Partnersuche entdeckt. Anstatt Liebe 4.0 ein Update 2.0 gefunden? Es gibt weitaus Schlimmeres im Leben.

SCHREIBEN ODER NICHT SCHREIBEN?
DAS BLEIBT HIER DIE FRAGE.

Die Gefahr ist groß, dass man sich auf der Suche nach dem Wunschpartner im Meer der Steckbriefe, Fotos, Mails und Videos verliert – und das im wahrsten Sinne des Wortes. Wer einen vernünftigen Steckbrief online hat, ist schnell in der Situation, dass sich viele Interessentinnen und Interessenten melden. Wem also antworte ich? Und wem nicht? Wen will ich näher kennenlernen – und wenn ja, in welchem Tempo? Dann fühlt man sich wie ein Artist im Zirkus: Ihr wisst schon, der Typ mit den zehn Billardstöcken, an deren Enden sich hoch oben zehn Teller drehen. Kein einziger soll runter fallen! Jeden Teller muss man im Blick halten, damit es keine Scherben gibt! Und genau das muss man erst mal hinbekommen!

Nicht verzetteln! Netz-Kontakte haben mir immer wieder geschrieben, dass sie es nach ihrer Anmeldung auf der Plattform mit hunderten Mails zu tun bekamen. Und dass es mitunter sehr schwer war, überhaupt noch den Überblick zu behalten. Da wird man irgendwann zwangsläufig zum Zauderer, zumal selbst diplomatisch formulierte Absagen nicht selten zu heftigen

Gegenreaktionen führen. Und es rauschen täglich neue Zuschriften herein. Die Gefahr, sich in dieser Flut zu verzetteln, ist enorm. Das erklärt auch, warum viele Kontakte zu Frauen und Männern online einfach so im Sande verlaufen.

Digitale Eifersucht. Und die andere Seite? Die hat mitunter genug Zeit, sich digitaler Eifersucht hinzugeben, wenn die ersehnte Antwort ausbleibt. Und wenn sie gleichzeitig sieht, dass der oder die Auserwählte schon wieder auf der Plattform online ist – aber partout nicht schreibt. *Was haben die anderen, was ich nicht habe? Wem mailt er parallel zu mir? Bin ich nur die zweite Wahl? Warum reiche ich ihr nicht? Wartet er vielleicht noch auf etwas Besseres?*

Fragen über Fragen, die in Selbstzweifel und Ratlosigkeit führen, wenn man nicht gut auf sich aufpasst. Der Single-Katalog wird dann mit einem Mal zum Dschungel, in dem es ebenso Schönes wie Verstörendes zu entdecken gibt. Ein gut gemeinter Rat: Ruhe bewahren, auch wenn man sich für den Augenblick im Dickicht verliert. Im Gegensatz zu einem Urwald in Südamerika lässt sich der auf dem Display jederzeit bequem ausschalten – und damit entweder vorübergehend oder auch auf Dauer verlassen.

Verliebt in die Suche nach Liebe. Eine Single-Frau brachte ihre Erfahrungen bei der Partnersuche im Netz einmal so auf den Punkt: *Das Gefährlichste an der Suche nach Liebe ist die Versuchung, sich in die Suche selbst zu verlieben.* Das führe dazu, dass man sich aus einer bloßen Sucht heraus an den PC setze, *nur um mal schnell zu sehen, wer einen heute toll findet.* Einen Moment lang sei man dann nicht mehr so alleine – *auf Partnersuche mit Umtauschgarantie.* Denn wenn es nicht passt, gibt man im Katalog der einsamen Herzen *ganz einfach eine neue Bestellung auf. Oder noch besser: Ich bestelle mir als Mann direkt mehrere Frauen gleichzeitig und teste einfach mal. Nur das beste Stück behalte ich – die andere merkt ja eh nichts!* Anders sei es kaum zu erklären, dass man das potenzielle Herzblatt selbst nach einem guten Treffen wenig später wieder im Netz unterwegs sehe, um weitere Frauen klar zu machen. *Vielleicht gibt es da draußen ja noch etwas Besseres.* Das sei mehr als schade, schrieb die Schatzsucherin abschließend: *Das Hintertürchen ist Teil der Beziehungskultur.*

RAUE SITTEN & VOM TEUFEL GERITTEN.
WENN ONLINE ALLE GRENZEN FALLEN.

Bis zum ersten Date ist es manchmal ein langer Weg, sobald es aus dem Netz ins *echte Leben* geht. Stell dir vor, du triffst dich dann mit einer tollen Frau oder mit einem tollen Mann in einem Café, und ihr sitzt euch gegenüber. Ihr bestellt etwas zu trinken, ihr seht euch lange an und beginnt eine Unterhaltung – ganz klassisch, ganz entspannt. Bis dein Herzblatt mit einem Mal aufsteht, ohne ein Wort zu sagen, und einfach nach nebenan verschwindet. *Bis gleich?* Das fragst du dich, jetzt mit einem Mal ganz alleine am Tisch. Ist sie mal eben zur Toilette? Muss er mal eben dringend raus an die frische Luft, weil es hier drinnen zu stickig ist? Und warum haben sie dazu kein Wort gesagt? Nach zwei Minuten wirfst du einen ersten Blick auf die Menükarte, um dich etwas abzulenken. Nach fünf Minuten reicht aber auch das nicht mehr. An den Nebentischen nimmt keiner von dir Notiz, als du noch einmal auf die Uhr schaust und dich unauffällig umsiehst: *Wo ist sie nur hin? Wo ist er geblieben?*

Du wartest 20 Minuten darauf, dass er oder sie zurückkommt. Vergeblich. Nach einer halben Stunde machst du dir dann wirklich Sorgen, greifst zum Handy – aber deine Verabredung ist einfach nicht zu erreichen. So rufst du schließlich den Kellner, bezahlst die Rechnung und gehst traurig nach Hause. Seltsame Szene? Im Internet passiert das täglich, im virtuellen Café – wenn sich dein Gegenüber nach dem ersten Austausch plötzlich in Luft auflöst, einfach nicht mehr erscheint und dich zurücklässt mit offenen Fragen. *Ghosting in Reinform.* Denkt das mal durch: Wollt ihr so behandelt werden?

Der virtuelle Wutausbruch. Szenario Nummer zwei ist nicht minder verstörend: Stell dir vor, du triffst dich mit einer tollen Frau oder mit einem tollen Mann in einem Café, und ihr sitzt euch gegenüber. Ihr bestellt was zu trinken, ihr seht euch lange an und beginnt eine Unterhaltung – ganz klassisch, ganz entspannt. Du merkst sehr schnell, dass es nicht passt – und das beruht auf Gegenseitigkeit. Dein Gegenüber fasst das zuerst in Worte, ruhig und gelassen, weil es eben so ist. Und was machst du? Obwohl du tief in deinem Herzen spürst, dass es bei euch beiden wirklich nicht hinkommt, drehst du auf: Du schlägst mit den Fäusten auf den Tisch, du schimpfst, du fluchst, du brüllst und überziehst dein Herzblatt mit Hasstiraden – bis der besorgte Kellner schließlich die Polizei ruft und die Cops dich erst mal mit auf die Wache nehmen, damit du in deiner Raserei keinen Schaden anrichtest. Undenkbar? Im Internet passiert so was täglich. Nur dass in der Regel nicht die Polizei gerufen wird.

Soziale Netzwerke? Beide Szenen zeigen: Online fallen viele Grenzen und manche Skrupel. Der Umgang verroht, und im Schutz vermeintlicher Anonymität gibt es kaum noch Hemmschwellen. Zum Glück nicht bei allen, aber bei zu vielen. Die Wucht, mit der es Hasstiraden im Netz gegen Andersdenkende gibt, etwa in „sozialen" Netzwerken, kann dich auch auf der Suche nach Liebe erwischen. Ohne Warnung. Und sie kann dich mindestens so hart treffen wie die um sich greifende Oberflächlichkeit, wenn du Teil einer Produktauswahl bist und dein Herzblatt einfach nicht am Treffpunkt erscheint, weil es sich anders entschieden hat. Und gerade hier verhält es sich wie mit dem Straßenverkehr: Sobald sich manche Zeitgenossen ins Auto setzen, verwandeln sie sich, umgeben von schützendem Blech, in andere Menschen. Als Fahrer werden sie anonym, lassen ihrer sonst unterdrückten Aggression mit einem Mal freien Lauf und bedrängen andere, wie sie es sonst niemals tun würden. Was auf der Autobahn die Drängler sind, sind im Internet die Trolle, die sich im Schatten ihrer Aliasnamen nach allen Regeln der Kunst austoben. Dann wird die Single-Börse mit einem Mal zur Arena.

(S)ex & hopp! Längst gibt es Dating-Apps, bei denen man sich nur noch Bilder anschaut und rein nach Optik entscheidet – wahlweise mit dem Daumen nach oben oder mit dem Daumen nach unten. Bringt dich das auf der Schatzsuche wirklich weiter? Daran scheiden sich die Geister. Die guten wie die bösen.

DIE WELT IM KLICK:
WAS DAS INTERNET AUS UNS MACHT.

Ganz gleich, wie man dieses Buch hier liest – daran besteht kein Zweifel: Das Internet verändert uns. Auf Dauer, grundlegend und weitaus drastischer, als wir uns das vor 15 oder 20 Jahren noch gedacht haben. Das Internet beschleunigt uns. Das Internet macht uns bequem und wählerisch. Das Internet sorgt dafür, dass die ganze Welt mit nur ein paar Klicks Welt zu uns nach Hause kommt – ohne dass wir selbst dazu noch rausgehen müssen und deshalb einsam sind.

Abgleich ohne Ende. Ein neues Auto? Kein Problem. Eine andere Küche? Im Netz zu finden. Schicke Schuhe? Online zu haben und einfach zurückzusenden, wenn sie dann doch nicht passen. Wer im Internet nach Liebe 4.0 schaut, wird früher oder später Menschen treffen, die selbst auf Partnersuche im Shopping-Modus unterwegs sind – nur dass man sich diesmal keine Schuhe aussucht, sondern einen neuen Freund oder eine neue Freundin. Und weil die Sache mit dem Umtausch in diesem Fall dann doch nicht so einfach ist, erscheint der Vergleich persönlicher Features und Ausstattungsmerkmale wichtiger denn je.

Im Studium der Steckbriefe und Zuschriften kann man sich über Stunden, Tage und Wochen verlieren – wenn nicht sogar über Monate und Jahre: *Abgleich ohne Ende.* Und wenn es online funkt, im *richtigen Leben* auf Dauer aber doch nicht klappt? Ebenfalls kein Problem: Das Angebot ist immer groß, das Angebot ist immer da, und es bietet uns eine Auswahl von Ersatzmenschen, die umfassender nicht sein könnte.

Ich bin im Netz mal einer Frau begegnet, die weit mehr als 100 Online-Dates für sich verbuchen konnte – und das in ihrem Pragmatismus auch ausgestrahlt hat.

Verbindlich unverbindlich. Senkt das Netz der unbegrenzten Möglichkeiten sogar die Hemmschwelle, sich vorschnell zu trennen, ohne aneinander zu arbeiten und sich noch einmal eine Chance zu geben? Sagen wir es mal so: Liebe 4.0 macht Vieles einfacher. Zumindest auf den ersten Blick. Umso größer ist dann die Ernüchterung, sobald man auf der Suche nach einem Partner früher oder später auf dem harten Boden der Tatsachen landet und es mit Selbstdarstellern zu tun bekommt.

Aber selbst *Graf Blödsinn* und *Baronesse Tristesse* täuschen nicht darüber hinweg, dass es im Netz auch die Bemerkenswerten gibt. Sie müssen halt nur gefunden werden. Und genau dazu braucht es etwas, was wir im Online-Zeitalter kaum noch haben: Geduld. Den Blick fürs Detail. Gelassenheit, Tiefgang und frische Luft. Letztere wirkt Wunder, wenn man sich draußen begegnet – ganz ohne Mäuse, Displays, Matching Points, Likes und Online-Votings.

Auf die lange Bank gesetzt. Gefühle halten sich nicht an Such-Algorithmen. Vergesst jede Form von Liebesmathematik, so plausibel sie im Netz auch erscheint. Sie ist wie eine Erkältung: Hat sie dich erst einmal erwischt, wirst du sie so schnell nicht wieder los. Neben dem *Ghosting* ist auch das *Benching* ein weit verbreitetes Phänomen: Frauen oder Männer, die Interesse zeigen, werden einfach auf die lange Bank gesetzt und mit Zweizeilen-Botschaften warm gehalten – während die andere Seite auf Zeit spielt. Wie war das noch mit dem Warenkorb, den man erst einmal füllt, um später zu entscheiden, was mit nach Hause genommen wird – und was nicht?

Motorschaden auf dem Highway to Love. Glaubst du wirklich, dass du ein Auto mit Motorschaden wieder ans Laufen bekommst, indem du einfach nur etwas Öl nachfüllst oder einen neuen Keilriemen einbaust aus dem Ersatzteillager? Weit gefehlt: Liebe ist (d)ein Motor. Er kann dich überall hinbringen, wenn du ihn nur gut behandelst und er als Ganzes funktioniert. Im Netz bekommst du lediglich Bauteile. Zusammensetzen musst du sie schon selbst. Ganz in Ruhe und ohne Display vor der Nase. Nimm dir also Zeit. Es lohnt sich.

DANKSTOPP FÜR DIE LIEBE.
ZU SCHADE FÜR DIE RESTERAMPE!

Das war er also, unser gemeinsamer Ausritt durch die Internet-Prärie, ohne dass uns ein Büffel oder eine Klapperschlange aus dem Sattel geholt hat. Was ihr daraus macht, liegt ganz bei euch. Trefft euch im Saloon der einsamen Herzen oder genießt einfach nur die Weite da draußen. Und eure Freiheit. Fragt euch immer, was im selben Moment wohl an der frischen Luft passiert, *im richtigen Leben*, jenseits der Bildschirme des Weißen Mannes. Und wenn du unterwegs einen bemerkenswerten Cowboy oder ein bemerkenswertes Cowgirl triffst, müsst ihr ja nicht gleich zum Friedensrichter. Oder zum Medizinmann: *Doktor Facebook! Ich befürchte, ich habe mir da draußen einen Twitter eingefangen!* Kein Problem, Cowboy! Das wird schon wieder! Zwei Tage Bettruhe und dazu noch etwas Instagram aus dem Drugstore! Gute Besserung!

In der Zwickmühle. Eines darfst du nie vergessen: Selbst wenn du im Netz schon lange und vergeblich nach deinem Herzblatt suchst – du bist damit nicht alleine und zu schade für die Resterampe. Viele stecken wie du in der Zwickmühle: *Die, die du haben willst, bekommst du nicht. Und die, die du bekommen kannst, willst du nicht.* Auf der Suche nach Liebe ist das Netz tiefgründig oberflächlich. Etliche Singles suchen online wie offline in Langzeit. Und viele Singles, die sich nach Jahren wieder auf der Plattform anmelden, treffen dort alte Bekannte, die das Netz niemals verlassen haben.

Akte EX: Verletzt und vernetzt. Was machst du eigentlich, wenn dir dein Expartner im Netz über den Weg läuft? Früher hat man einfach nur Schluss gemacht und sich in der Regel dann nicht mehr gesehen. Heute kann es hingegen sein, dass man sich ständig über den Weg läuft, vernetzt und verletzt. Du siehst, dass dein(e) Ex wieder eine(n) Neue(n) hat und wo die beiden gerade unterwegs sind. Einen klaren Schnitt zu machen, sobald die Liebe endet, ist heute nicht einfach.

Nomaden im Netz. Wie viele Nomaden mittlerweile durch das Netz streifen, lässt sich nur erahnen. Vielen fehlt ein Navi, vielen fehlt eine verlässliche Landkarte – und sie suchen oft beides in einer neuen Liebe. Hast du selbst einen Plan? Dann kannst du anderen da draußen eine Inspiration sein, wenn ihr euch auf der Plattform schreibt, aber seht, dass es nicht passt. Nicht jeder Kontakt muss (gleich) Liebe sein. Und wenn es nur bei einem kurzen Gruß unter verwandten Seelen bleibt: *Guten Morgen! Schönes Statement! Dir alles Gute!*

Das Schweigen der Männer? Ist ein Klischee. Frauen beherrschen das mittlerweile auch. Ihr Schweigen ist aber oft nur Selbstschutz vor den vielen Rohlingen, die im Netz unterwegs sind und nachtreten, wenn sie nicht das bekommen, was sie wollen. Und gerade online suchen viele Damen und Herren Partner, die sich in Übergangszeiten bequem als Schneeschieber nutzen lassen. Ist der Weg dann wieder frei, lässt man den Schieber entweder am Straßenrand liegen oder packt ihn vorsorglich in den Kofferraum, damit er sich reaktivieren lässt, sobald man sich erneut festgefahren hat. *Du bist viel zu schade für den Kofferraum!*

Ohne Zorn loslassen. Konzentriere dich lieber auf Menschen, die bei der Sache bleiben. Auf den ersten und auf den zweiten Blick. Schluss machen per SMS war einst schon übel. Heute geht das per Chat noch bequemer von der Hand und erspart dem User ganz elegant ein letztes Gespräch *face to face*. Vielleicht noch mit einem traurigen Emoticon, um zu zeigen, wie schwer einem selbst diese fünf Zeilen noch fallen. Wenn schon loslassen, dann mit Anstand und frei von Zorn. Der bringt ohnehin nichts, ganz gleich, ob nach einer Partnerschaft oder unter Freunden. Schauen wir stattdessen nach vorne und umgeben uns fortan mit Menschen, die das Leben wirklich mit uns teilen wollen. Mit allen Ecken und mit allen Kanten. Mit Menschen, die auch in stürmischen Zeiten zu uns halten und die nicht von sich meinen, dass sie das Maß aller Dinge sind.

Spezialbeschichtung gegen 0815. Liebe 4.0 ist weit mehr als nur ein Phänomen. Alles ist in Bewegung, und das Virtuelle reicht immer tiefer in das schönste aller Gefühle hinein. Jeder von uns hat es selbst in der Hand, nicht oberflächlich und Teil einer Masse zu werden, die ihr Leben hauptsächlich vor dem Display verbringt. Und die es verlernt hat, offline zu sein mit dem Herzen. Wenn du dir selbst treu bleibst und dir immer vor Augen hältst, dass das Netz nicht alles ist, wird jede Oberflächlichkeit und jedes Stillschweigen an dir abperlen wie an einer Spezialbeschichtung.

Lachen hilft! Humor ist ein probates Mittel für alle, die auf der Suche nach dem oder der Richtigen bewusst gegen den Strom schwimmen und sich nicht entmutigen lassen. Mit Humor, Optimismus und dem Glauben an etwas lassen sich Berge versetzen, nach wie vor, online wie offline. Das Schlusswort hat deshalb Fake-Lady *Shania* aus Bochum. Sie ist nach eigenen Angaben zwei Meter groß und schrieb mir in der Schlussphase meiner Recherchen die folgenden Zeilen: *Hallo! Ich bin auf dieser Seite meine zweite Hälfte zu finden, meinen Seelengefährten und heiraten. Ich nehme das Leben leicht. Ich bin aktiv, positiv, abenteuerlich und gern gute Witze. Wenn ich einen anständigen Mann zu finden, bin ich keine Angst, sein Land zu bewegen.*

SCHATZSUCHE OHNE NETZ & DOPPELTEN BODEN.

So lassen wir das Internet erst einmal hinter uns und reisen zurück in Zeiten, in denen sich das Leben noch analog ereignet hat. Zurück in Zeiten, in denen alles noch ganz einfach war. Scheinbar, zumindest. In Zeiten, als wir heimlich bestimmte Seiten in der *Bravo* gelesen und gemerkt haben, dass uns da draußen etwas Großes erwartet. Und auch mit diesen Erinnerungen verhält es sich wie mit den Jahresringen eines Baumes: Sie sind ein Teil von dir und machen dich überhaupt erst aus. Sie bestimmen deine DNA und zeigen dir, dass du von innen aus gewachsen bist.

Das erste Mal verliebt! Ziel meiner Zeitreise ist das Jahr 1975/76. Da war ich fünf beziehungsweise schon sechs – und ahnte erstmals, dass das Herz tief in mir noch eine andere Funktion hat. Es geschah auf dem Spielplatz unseres Kindergartens. Dort habe ich ihn zum ersten Mal gespürt, den beschleunigten Herzschlag von einer Sekunde auf die andere, als mit einem Mal ein Mädchen mit vielen, vielen Sommersprossen im Gesicht daherkam und ich wie versteinert auf dem Klettergerüst hockte.

Sieg der Sterne! Verglichen damit gab es in Kinderzeiten nur eine Frau, die mit diesem Mädchen konkurrieren konnte: Ich habe sie Anfang der 80er getroffen, jeden Samstag um 14.47 Uhr, im ZDF. Ihr Name war *Joan Landor*, sie trug einen kirschroten Raumanzug und flog als zuckersüße Blondine an der

Seite von *Captain Future* an Bord des Raumschiffs Comet im Auftrag der Weltraumpolizei durch das Sternenmeer meiner liebsten Zeichentrickserie. Jahre später folgte ihr die unsterbliche Prinzessin Leia in ihrem Bikini aus Metall – und wir Jungs aus den 70ern waren zum zweiten Mal in unserem Leben kollektiv verknallt. Doch wie das mit den Sternen hoch über uns so ist: Sie sind für Erdlinge unerreichbar.

Anhimmeln für Fortgeschrittene. Das allererste Verliebtsein nahm also im Kindergarten seinen Anfang und endete als Teenager. Ich habe es dem Mädchen mit den vielen, vielen Sommersprossen niemals verraten und sie immer nur angehimmelt. Heimlich, still und leise. Dem Kindergarten ist die Grundschule gefolgt – bis sich unsere Wege nach der 4. Klasse schließlich getrennt haben. Vorerst. Zumindest. Aber dann kam er mit einem Mal – der Sommer 1983. Und mit ihm der Abenteuerspielplatz bei uns um die Ecke. Auf einer Wiese am Waldrand, auf der wir in den großen Ferien Holzbuden zusammengezimmert haben. Gemeinsam mit vielen Mädchen und Jungs aus der Stadt. In Zeiten, als sie noch nicht an lila Kühe geglaubt haben und die Sommertage endlos waren.

In jenen Wochen haben sie im Radio den neuesten Hit von *The Police* rauf und runter gespielt. *Every breath you take.* Diesen Song hatte ich immer dann im Kopf, als ich in kurzen Hosen auf dem Abenteuerspielplatz zwischen Holzhütten, Hühnerställen, Fahrrädern und Werkzeugkisten stand, um zu beobachten, wie meine kleine große Kindergartenliebe in Begleitung ihrer Freundinnen zwischen den Wiesen und Feldern zu uns Erdlingen herabgestiegen ist und meinen Herzschlag noch einmal beschleunigt hat.

Aber auch in jenen Wochen habe ich mich einfach nicht getraut, das Mädchen mit den vielen Sommersprossen anzusprechen. Irgendwann waren die Ferien vorbei und auch die letzten Buden abgebaut. Unter Teenagern würde das heute wahrscheinlich anders laufen – mit dem Smartphone in der Hosentasche, der passenden Nummer im Speicher und etwas Mut im Herzen.

Immer wieder habe ich nach diesen Tagen auf der Sommerwiese Platz genommen, wo schon lange keine Hütten mehr errichtet werden, gut 40 Jahre später. Und mir noch einmal den Song von damals in Erinnerung gerufen. Mittlerweile weiß ich, wie es ist, mit dem Herzen zu sehen. Nicht auszuschließen, dass ich im Gras vor mir eines Tages eine alte Holzschraube finde. Rostfrei. Versteht sich.

Im Saloon der einsamen Herzen spiele ich Songs
auf dem Wörterklavier, während sich die Cowboys und Cowgirls
aus dem County unbewaffnet zum Line Dance treffen.

ZWEITER TEIL
MISSION DOPPELHERZ
PARTNERSUCHE OFFLINE

Guten Nachmittag!

Ich bin Katharina. Wenn Sie an mich Interesse zeigen,
und Sie haben Lust mich kennenzulernen und in Verbindung
zu kommen, werde ich Ihre Mail warten.

Ich verschicke dir mein Foto. Bitte, verschicke mir auch dein
Foto und bringe zur Kenntnis deinen wahren Namen.

Ich dauerhafte Verhältnisse. Ohne Darstellungen
und Plattheit. Ich sehe entgegen auf deine Antwort!

Aus einer Spam-Mail an den Autor.

IST OFFLINE DAS NEUE ONLINE?
LIEBE FINDEN OHNE STROM.

Vieles, was sich bei der digitalen Partnersuche beobachten lässt, trifft auch auf den klassischen Weg, ganz ohne Strom, zu. Aber es gibt Unterschiede – und um genau die drehen sich die folgenden Seiten. Frage vorweg: Was wäre, wenn Zeitreisen eines Tages möglich sind? Was wäre, wenn dazu schon eine plötzliche Verschiebung im Raum-Zeit-Kontinuum reicht? Eine Art schwarzes Loch, das sich mit einem Mal vor dir auftut und dich mitnimmt in die Zukunft? Was wäre, wenn es jeden von uns treffen könnte, unvorbereitet, einfach so?

Natürlich werden sich jetzt einige Leserinnen und Leser finden, die sich so ein schwarzes Loch insgeheim für ihren Ex-Partner wünschen: Wie schön wäre es, sich ihn oder sie einfach in eine ferne Zukunft zu denken – nur weit genug weg, damit man sich nie wieder über den Weg läuft! Wie praktisch wäre es, sich den oder die Ex einfach weg wünschen zu können – zum Beispiel dorthin, wo der Pfeffer wächst? Fakt ist: Man braucht selbst dann nicht unbedingt das Internet, um die Liebe seines Lebens zu finden. Schauen wir sie uns einfach mal an – die Partnersuche jenseits aller Akkus, Displays und Steckdosen.

Und lassen uns nichts vormachen von Werbefilmen, Testsiegern und Leuchtplakaten in der City, auf denen Jahr für Jahr ebenso attraktive wie verliebte Menschen zu sehen sind, die sich im Netz gefunden haben. Angeblich. Dass Liebe sich nicht konfigurieren lässt, haben wir bereits gesehen. Und dass künstliche Intelligenz keinen Herzschlag ersetzt, wissen wir auch. So groß und so einflussreich Single-Börsen im Netz mit all ihrer Technik auch geworden sind – sie sind nur ein Stein im Mosaik. Und die schönen Seiten eines Mosaiks liegen auf der Hand: Selbst wenn eines seiner Steinchen mit der Zeit verblasst, ist das Bild als Ganzes aus der Distanz gesehen immer noch vollständig.

Das Mosaikbild, das Liebe zeigt, ist viele 1000 Jahre alt. Es war schon in seiner ganzen Farbenpracht zu bewundern, als es noch keinen Strom und kein Internet gab. Und als Bücher über sie noch ausschließlich auf Papier geschrieben wurden. Das Mosaik wird selbst dann noch zu sehen sein, sollten Partnerbörsen eines Tages Geschichte sein: Solange auf diesem Planeten

Menschen leben, wird es auch Liebe geben. Und die Suche danach. Das relativiert im Hier und Jetzt so manche virtuelle Ernüchterung und so manche digitale Sackgasse. Und es macht uns Mut, es auch weiterhin offline ohne Smartphone in der Hand zu versuchen.

Ist offline das neue online? In vielen Jobs sind wir den ganzen Tag lang vernetzt und verkabelt. Muss es dann auch noch nach Feierabend oder am Wochenende sein, wenn es darum geht, nicht länger alleine durchs Leben zu gehen? Stundenlang vor dem Rechner zu sitzen und formschöne Steckbriefe zu studieren, kann verdammt einsam machen. Überlegt euch also gut, ob ihr der virtuellen Welt daheim wirklich den Stellenwert gebt, den sie im Job immer häufiger und immer intensiver für sich beansprucht. Ihr alleine habt die Wahl!

Offline und damit auch mal wieder unerreichbar zu sein, steht nicht für Schwäche, sondern für ein neues Selbstbewusstsein: Du alleine bestimmst die Regeln. Du alleine hast es in der Hand, wann du greifbar bist. Und wann nicht. Aber bist du wirklich noch bereit, dich sofort aus der Single-Börse im Netz abzumelden, sobald du dich im Supermarkt oder beim Bäcker oder beim Joggen oder beim Bücherausleihen oder in der Disko oder im Kino oder beim Spazierengehen oder beim Yoga-Kurs oder beim Mosaik-Schauen mit einem Mal ganz offline verliebt hast? Hoffentlich!

Internet auf Sparflamme. Mittlerweile sind Millionen Singles online unterwegs. Und viele von ihnen legen auch offline genau das an den Tag, was im Netz für sie unumgänglich ist – beim Konfigurieren ohne Ende. Tatsache ist aber auch: Im *echten Leben* sind ebenfalls Millionen Singles auf Achse, nach wie vor und völlig offline. Und vielen von ihnen ist es ziemlich schnuppe, was im Internet passiert. Sie würden niemals auf den Gedanken kommen, sich als Schatzsucher auf einer Dating-Plattform anzumelden. Weil ihnen das zu oberflächlich oder einfach nur suspekt ist. Und weil es ihnen nicht gefällt, Teil eines Blätterkataloges zu sein, den jeder sehen und wälzen kann. Es gibt sie nach wie vor, die Offliner aus Überzeugung, die sich entweder gar nicht oder nur sparsam in der digitalen Welt bewegen. Und auch sie finden passende Partner, ohne Stunde um Stunde vor dem Computer oder Smartphone zu hocken, bis sie Spinnweben unter den Armen haben. Sie suchen, und sie finden. Nur anders.

Dancing with myselfie. In den 80ern gab es einen Song von Billy Idol, der im Handumdrehen jede Tanzfläche gefüllt hat. *Dancing with myself* hieß die Nummer – ein ziemlich cooles Rockbrett, bis heute. Im Zeitalter der Smartphones müsste Billys Klassiker mittlerweile *Dancing with myselfie* heißen. Und zur Hymne all jener werden, die sich irgendwann in sich selbst verliebt haben und sich wieder und wieder um die eigene Achse drehen in den Freundschafts- und Nachrichtenblasen der sozialen Netzwerke. Diese Meinung mag man teilen oder nicht: Das ändert nichts daran, dass bei der Suche nach Liebe immer auch eine Portion Glück im Spiel ist. Und genau dem kann man offline wunderbar auf die Sprünge helfen.

MIT DEM HUND AM STAUSEE: FLIRTEN MIT DEM ACH-IST-DER-SÜSS-FAKTOR

Bist du es auch leid, noch länger vor dem Telefon zu warten und zu hoffen, dass sie endlich anruft? Hast du auch keine Lust mehr, wieder und wieder deinen Rechner oder dein Smartphone hochzufahren, um noch einmal zu schauen, ob er dir ein paar Zeilen zum Wochenende geschrieben hat? Willst du auch nicht länger warten, bis sie dir endlich, endlich einmal ein

Treffen unter freiem Himmel vorschlägt? Fein: Dann fährst du am besten zu deiner Schwester und schnappst dir ihren Hund. Den mit dem treuen Blick. Den, der so schön handlich ist und gut erzogen. Den, der kein Problem damit hat, am Samstag oder am Sonntag einmal einen Ausflug zu machen, im Auto, zum nächsten Park oder Stausee. Denn genau da geht es hin, wenn du ihn einfach mal für dich nutzt – den *Ach-ist-der-süß-Faktor!*

Am besten trainiert ihr zwei vorher einen Spaziergang und schaut, ob und wie es am besten passt. Kannst du den kleinen Sam ohne Probleme an der Leine führen? Gehorcht er dir aufs Wort, wenn ein anderer Hund euren Weg kreuzt? Ist es für ihn okay, wenn ihn fremde Leute streicheln? Fein! Denn jetzt seid ihr ein Team für einen Nachmittag. Jetzt hast du einen Komplizen auf vier Pfoten an deiner Seite. Einen Alliierten mit Fell. Nur eine Frage der Zeit, und ihr zwei bekommt auf eurem Ausflug Gesellschaft – auf der Hundewiese oder auf dem Wanderweg. Und während sich der kleine Sam schnuppernd ein Bild von seinem Gegenüber auf vier Beinen macht, machst du dir (bitte nicht schnuppernd) am anderen Ende der Leine ein Bild von deinem

Gegenüber auf zwei Beinen. Und wer weiß? Vielleicht ist er oder sie ja auch mit einem Leihhund unterwegs. Wie dem auch sei: Sobald man Gleichgesinnte auf Augenhöhe trifft, stehen die Chancen nicht schlecht, dass man ins Gespräch kommt. Zwanglos und spontan. Und das Thema liegt sofort auf beziehungsweise an der Hand. *Wie alt? Wie süß! Darf er ein Leckerchen haben?* Keine Frage: Hunde können in der Tat Türen öffnen. Unter freiem Himmel und in einer weitaus ansprechenderen Umgebung als in einem Chatroom oder Blätterkatalog. Und wer weiß? Vielleicht trefft ihr zwei euch ein paar Tage später zu einer ersten gemeinsamen Runde – ohne Hunde.

FACKELN IM STURM!
GRÜSSE VON DER ERSATZBANK.

Was immer dir die Leute da draußen erzählen oder dir an Qualitätszertifikaten unter die Nase halten, um dich für eine Online-Plattform als Kunden zu gewinnen: Du alleine weißt immer noch am besten, welcher Weg für dich der beste ist. Du alleine führst Regie, wenn es darum geht, einen Partner zu finden, für den Liebe mehr ist als ein Beziehungsstatus auf Facebook. Und bei allem, was du unternimmst: Du fängst niemals bei Null an, weder online, noch offline – und darauf kannst du bauen. Hast du in der Schulzeit auch zu denen gehört, die immer bis zuletzt auf der Bank gesessen haben, als es darum ging, eine Mannschaft zusammenzustellen? Beim Völkerball. Oder beim Prellball. Hat man dich auch nur mit einem Achselzucken ins Team gerufen, auf den letzten Drücker? Und das, bevor den Leuten auf dem Spielfeld reihenweise die Kinnladen runter geklappt sind, eben weil du dich nicht nur tapfer geschlagen, sondern auch noch zu den Besten gehört hast – und kein Gegner dich bis dahin auf dem Radar hatte? Hat man dich auch immer schon unterschätzt und übersehen, eben weil du kein Lautsprecher bist?

Fein: Dann wird dir auch die *Ersatzbank 2.0* nichts ausmachen, wenn dich deine Flamme im Internet wieder einmal hinhält, sobald es darum geht, konkret zu werden. Dann kann es dir egal sein, wenn ein Mann oder eine Frau im Netz versucht, dich beim *Benching* warm zu halten, weil im Moment andere Singles wichtiger sind. Take it easy, geh' offline, steh' auf und lass' die Ersatzbank hinter dir: Du bist kein Trostpreis! Du hast es auch nicht nötig, wie ein Bittsteller auf ein

Date zu warten, obwohl du schon zwei oder drei Mal eines vorgeschlagen hast. Musst du dein Gegenüber im Netz wirklich zu seinem Glück zwingen? Klare Antwort: Nein! Es ist besser, alle Menschen, die deine Geduld und Loyalität ausnutzen, einfach hinter dir zu lassen. *Wenn ihm wirklich etwas an dir liegt, wird er von alleine den Weg zu dir finden! Und wenn sie wirklich will, dann kommt sie auch!* Hast du das erst einmal verinnerlicht, wirst du automatisch gelassener. Und das ist weitaus souveräner, als zu klammern, als zu bitten, als zu hoffen und zu betteln. Ganz abgesehen davon, dass das alles andere als sexy ist.

SIEG DER STERNE II.
DAS MYSTERIUM SCHLÄGT ZURÜCK.

Nein, dieses Kapitel dreht sich nicht um Horoskope und Astrologie, so treffsicher sie zuweilen auch sind. Hier geht es um die Notwendigkeit, die Sterne auf der Suche nach einem Partner niemals aus dem Blick zu verlieren – so einsam man sich manchmal auch fühlt, wenn man alleine auf der Erde unterwegs ist. So trist es auch sein mag, wenn sie sich da draußen gut versteckt: *Liebe ist und bleibt kosmisch!* Und sie ist es wert, geduldig auf sie zu warten. Wo und wie auch immer. Ganz gleich, ob du online oder offline suchst: Halte immer mal wieder inne und lass dir die Romantik nicht nehmen, auch wenn das vielleicht altmodisch klingt. Suche dir deine ganz persönliche Sternwarte. Und wenn du dich auf den Weg dorthin machst, nimmst du am besten eine Flasche Wein und deinen Kumpel Sam mit. Setzt euch ins Gras, trink einen Schluck und schau einfach hoch ins Sternenmeer. Oder zum Horizont, an dem die Sonne untergeht.

Ganz gleich, wo und wie du deinen Partner suchst – die Frage ist immer dieselbe: Gibt es überhaupt noch intelligentes Leben da draußen? Und wenn ja: Ist es dir wohlgesonnen? Oder ist es besser, gar nicht erst Kontakt aufzunehmen? Wie viele Lichtjahre liegen zwischen euch beiden? Wie lange dauert die Reise ans Ziel? Und wie viele öde Planeten und Schwarze Löcher im Sternbild Firlefanz musst du auf dem Weg dorthin noch hinter dir lassen?

Manchmal ist das Naheliegende das Beste – auch wenn wir in Zeiten von *Liebe 4.0* gerade dabei sind, genau das zu verlernen. Und wer weiß? Vielleicht hast du ja das Glück, da oben eine Sternschnuppe zu sehen und dir offline etwas zu wünschen. Ein Glas Rotwein lässt sich ebenso wenig als Datei-Anhang versenden wie das Gefühl, das sich nur dann einstellt, wenn man sich verliebt hat und auf einmal wieder fliegen kann. Und genau deshalb musst du dich nach der Sternstunde auf den Weg machen, um deinen Schatz zu finden.

LOVE IS @LL @ROUND US.
WENN LIEBE KEINE GRENZEN KENNT.

Also weg vom Computer & raus in die Welt! Vor Jahren sorgte ein Mann aus den Niederlanden international für Schlagzeilen. Er war nach China aufgebrochen, um eine Frau zu treffen, die er im Internet kennen und per Dating-App lieben gelernt hatte. Heftig geflirtet und ziemlich lange geflogen: Die Reise führte den Niederländer in die chinesische Provinz, wo er seine Herzdame am Flughafen zu treffen hoffte. Nach der Ankunft im Reich der Mitte wurden aus Minuten allmählich Stunden und aus Stunden schließlich Tage. Tapfer harrte der Mann am Flughafen aus und übernachtete im festen Glauben an seine große Liebe in der Halle für Passagiere. Doch das Einzige, was den Niederländer dort nicht mehr losließ, war Erschöpfung. So kam er ins Krankenhaus und erzählte seine Geschichte dort den Reportern eines TV-Senders. Auf diesem Weg erreichte der Weitgereiste seine Auserwählte schließlich doch noch – wenn auch nicht so, wie er sich das erhofft hatte. Denn die junge Chinesin gab den Medien wiederum ihre Sicht der Dinge zum Besten: Telefonisch sei sie für ihr potenzielles Herzblatt aus Europa nicht zu erreichen gewesen, weil sie sich bei seiner Ankunft einer Schönheits-OP unterzogen und dazu ihr Telefon ausgeschaltet habe. Und überhaupt – von Liebe könne gar keine Rede sein! Höchstens von einem Flirt ohne Folgen. Das Selfie des Niederländers mit seinem Flugticket nach China habe sie einfach nur für einen Scherz gehalten, erklärte die Frau der BBC. Unterdessen war ihr Verehrer bereits in seine Heimat zurückgekehrt. Was seine Flamme nicht davon abgehalten hat, noch einmal laut über einen Ersatztermin nachzudenken. Man kann ja nie wissen.

Was will uns diese Lovestory ohne Happy End sagen? Dass es gut ist, *vor* der Partnersuche über den persönlichen Radius nachzudenken. Muss es wirklich China sein? Oder reicht für den Anfang vielleicht auch Australien oder ein Inselstaat irgendwo in der Südsee, der bequem mit dem Floß zu erreichen ist, wenn die Strömung es gut mit dir meint? Schadenfreude ist mit Blick in die Niederlande jedenfalls fehl am Platz: Was machst du, wenn du morgens beim Bäcker in Gelsenkirchen eine tolle Frau kennenlernst, die aus München kommt und über das Wochenende eigentlich nur eine gute Freundin im Ruhrgebiet besucht? Was machst du, wenn es zwischen Rosinenbrötchen und Nussecken funkt? Schnell kann es dir dann so ergehen wie dem Fernreisenden aus den Niederlanden. Nur dass du nicht ganz so viele Kilometer zurückzulegen hast. Manchmal steckt das Leben im Allgemeinen und die Liebe im Speziellen voller Überraschungen. Dann gilt das Motto aller Heimwerker: *Wir kennen keine Probleme. Wir kennen nur Lösungen.* Isst man in München eigentlich auch mit Stäbchen?

APOCALYPSE WOW! DIE SCHLECHTESTEN KOMPLIMENTE ALLER ZEITEN.

Ernten mit dem Phrasendrescher! Hier sind die mit Abstand schlechtesten Komplimente aller Zeiten versammelt. Sie wurden online und offline ermittelt – ohne Anspruch auf Vollständigkeit.

PLATZ EINS: Bist du so süß, oder habe ich Zucker in den Augen?

PLATZ ZWEI: Hey, Praline! Brauchst du 'ne Füllung?

PLATZ DREI: Hallo! Kann ich mal deine Nummer haben? Ich habe meine verloren.

PLATZ VIER: Ist das Badewasser zu warm, oder bist du so heiß?

PLATZ FÜNF: Baby, mir gehen die Baumstämme aus, in die ich deinen Namen ritzen kann.

Anwender-Tipp für Männer: Je nach Charakter deiner Flamme lässt du das *Baby* zu Beginn einfach weg. Auch solltest du das Kompliment auf Platz fünf nicht unbedingt einer Frau machen, die für die Grünen im Bundestag sitzt und seit ihrem 12. Lebensjahr Aktivistin bei *Greenpeace* und *Fridays for Future* ist. Försterinnen fallen bei dieser Variante ebenfalls weg.

EIN PFUND LIEBE BITTE!
PARTNERSUCHE IM SUPERMARKT.

Und wenn mal jemand fragt, wo wir zwei uns kennengelernt haben, dann sagen wir einfach: *im Supermarkt!* Sätze wie diese liest man in Single-Börsen immer wieder. Wahlweise auch *beim Bäcker* oder *beim Einwohnermeldeamt.* An der Spitze liegt aber nach wie vor *im Supermarkt.* Warum eigentlich? Worin liegt die Magie zwischen Parkplatz und Scannerkasse? Spielen wir doch einfach mal ein paar der 1000 Möglichkeiten durch, die sich beim Shopping im Supermarkt unter normalen Umständen bieten, damit eine Packung Liebe im Einkaufswagen landet.

Das Einchecken. Eine Chance, miteinander ins Gespräch zu kommen, bietet sich nicht im, sondern bereits *vor* dem Supermarkt deiner Wahl. Wer kennt das nicht? Du hast es eilig, willst dir nur rasch einen Einkaufswagen schnappen – scheiterst aber an dem Umstand, dass du ausgerechnet heute keine Euro-Münze im Portemonnaie hast, um die verdammte Karre von ihrer Sperrkette zu befreien. Wie schön wäre es jetzt, wenn eine coole Frau oder ein cooler Mann gleich neben dir eine passende Münze oder einen passenden Chip zur Hand hat? Für diesen Fall also immer einen zweiten Euro in der Geldbörse haben. Man kann ja nie wissen.

Geld oder Liebe? Hilfreich ist auch ein altes D-Mark-Stück zur spontanen Ausleihe – denn damit habt ihr sofort ein Gesprächsthema: Nostalgie geht immer. Ein zweiter Chip aus Kunststoff oder Metall ist da schon etwas neutraler, aber auch unpersönlicher. Es sei denn, du lässt dir deinen eigenen Chip speziell für solche

Fälle anfertigen, mit deiner Telefonnummer und mit deiner E-Mail-Adresse darauf. Damit setzt du dann allerdings auf den *Bierdeckel-Faktor* und könntest gleichermaßen plump ankommen.

Der Regal-Flirt. Wer sagt denn, dass sich die besten Chancen immer nur beim Warten an der Kasse bieten? Auf dem Weg dorthin hast du einige Möglichkeiten, dem Mann oder der Frau deiner Wahl elegant und unaufdringlich zu begegnen. Mit einem Lächeln oder einem netten Wort, etwa, wenn du dir die Rechts-vor-links-Regel auch im Supermarkt zu Herzen nimmst, damit dein Sonnenschein unfallfrei passieren kann. Oder mit einem freundlichen *Sorry* – sollte es tatsächlich zum Zusammenstoß eurer Einkaufswagen kommen. Den Traummann oder die Traumfrau absichtlich zu rammen, kann ebenso nach hinten losgehen wie das Vorfahrtnehmen mit dem Auto. Schlagt nach im Kapitel *Flirten im Straßenverkehr.*

Der Gentleman. Auch im Supermarkt gilt: Höflichkeit schlägt Egoismus. Und als Mann kannst du gerade auch in diesem Jagdrevier zeigen, dass du ein Gentleman bist. Unaufdringlich, aber aufmerksam. Etwa, wenn deine Traumfrau gerade dabei ist, in halsbrecherischer Weise ein Regal zu erklimmen, um das Warenfach ganz oben zu erreichen. Bist du größer, kannst du ihr zwar nicht das Leben, aber vielleicht den Tag retten, weil ihr das Objekt der Begierde (und damit bist erst mal nicht du gemeint) sonst auf den Kopf fallen würde.

Männer- und Frauenregale. Ob es hingegen klug ist, vor Regalen mit besonders *weiblichen* oder *männlichen* Produkten (wie zum Beispiel Lippenstift oder Rasierschaum) auf und ab zu fahren, nur um ihn oder sie eines Tages dort zu finden, sei mal dahin gestellt. Gleiches gilt für das Studium der Funktionsweise von Leergut-Automaten, damit du bei einer Störung zum Retter in der Not werden kannst, noch bevor ein Supermarkt-Mitarbeiter auftaucht. Wie wäre es einfach mal mit einem freundlichen *Ladies first* an der Fleisch- oder Käsetheke? Oder mit dem freiwilligen Verzicht auf die letzte Tafel Schokolade im Sonderangebot, damit sich die Frau deiner Träume diese in ihren Einkaufswagen legen kann?

Jagdrevier Supermarkt-Kasse. Womit wir bei der Königsdisziplin sind: An der Kasse investieren Männer wie Frauen reichlich Zeit und können miteinander ins Gespräch kommen, wenn es sich ergibt. Aber Achtung: Nörgler, die sich darüber beschweren, warum nicht auch noch Kasse 5 aufgemacht wird, sind ebenso sexy wie Kunden, die fünf Schachteln Zigaretten aus dem Nikotin-Spender aufs Warenband poltern lassen, wo sie dann einem Ensemble aus fünf Bierdosen, fünf Steaks, fünf Packungen Kondomen und im schlimmsten Fall auch noch fünf Männermagazinen Gesellschaft leisten. Ob es klug ist, dem Traummann an der Kasse mit dem Einkaufswagen konsequent in die Hacken zu fahren, nur um miteinander ins Gespräch zu kommen, muss jede Schatzsucherin für sich selbst entscheiden.

Der Warentrenner-Trick. Erspare deinem Jagdziel doch einfach mal den Griff zum Warentrenner auf dem Fließband und lege einen *vor* und einen *hinter* deinen Einkauf. Im besten Fall bedankt sie sich freundlich – und ihr habt Blickkontakt. Auch beim Kassieren selbst kannst du Gentleman sein, denn du hast natürlich immer einen Ersatzcent dabei, sollte sie vor dir gerade keinen im Portemonnaie haben. Bei einem solchen Geldbetrag sagt eigentlich niemand Nein. Oder du lässt die Dame einfach vor, weil sie nur eine Packung Toast kaufen will. Nett ist in jedem Fall auch das Überlassen von Rabattmarken oder Sammelbildern, wenn sie hinter dir wartet – und du zu Hause schon genug Töpfe, Pfannen, Kissenbezüge und Rasenmäher aus der Sonderaktion hast.

Und wenn die Dame deiner Wahl ausgerechnet an der Kasse sitzt? Schwierig, wie immer beim Flirten am Arbeitsplatz. Das höchste der Gefühle ist dann ein Kassenbon, auf den du einen Smiley malst und deine Rufnummer oder Mailadresse schreibst. Übergabe ohne ein Wort, nur mit einem diskreten Lächeln! Dann kann sie nach Feierabend frei entscheiden, ob sie sich meldet. Und wenn Funkstille herrscht? Dann bist du ein echter Gentleman, wenn du das abhakst, dich künftig an eine andere Kasse stellst oder den Supermarkt gleich ganz wechselst, um ihr einen unangenehmen Moment zu ersparen.

Flirten am Back-Shop. In vielen Supermärkten wartet vor dem Ausgang eine Bäckerei – ebenfalls mit Flirt-Potenzial, solange man kreativ, charmant und nicht zu geizig ist, dem oder der Auserwählten spontan auch mal einen Coffee-to-go zu spendieren. Du kannst ihm oder ihr aber auch an der Obsttheke eine Falle stellen, in dem es dir heute einfach nicht gelingen will, den verdammten Plastikbeutel für die Braeburn-Äpfel, den du gerade eben von der Vorratsrolle gezogen hast, mit den Fingerspitzen so auseinander zu bekommen, dass du das Obst reinlegen kannst: *Verflixt, können Sie mir vielleicht helfen? Ist mir noch nie passiert! Und überhaupt: Kaufen Sie hier öfter ein?* Alles andere ergibt sich dann, sofern *Miss Braeburn* nicht auch an der verdammten Plastiktüte scheitert. Du musst ihr ja nicht gleich verraten, dass du eigentlich keine Äpfel magst. Und wer weiß? Vielleicht geht ihr zwei beim nächsten Mal ja zusammen einkaufen und klebt euch den ersten gemeinsamen Kassenbon ins Tagebuch. Liebe schlägt jedes Bonusprogramm!

Das Servicetheken-Gespräch. Flirt-Potenzial haben auch die Wurst-, Fleisch- und Käsetheken im Supermarkt. Hier verbringt man nicht selten ein paar wertvolle weil aufschlussreiche Minuten und hat dabei die Gelegenheit, einen stillen Blick auf den Inhalt des Einkaufswagens des potenziellen Herzblatts nebenan zu werfen: Kauft er für sich alleine ein? Oder deutet die Zusammenstellung der Produkte auf eine Partnerin hin? Aber Vorsicht: Längst nicht jeder Mann, der Fertigfrikadellen geladen hat, ist gleich ein unglücklicher und schlecht ernährter Single! Er könnte sich auch einfach nur einen rustikalen Fernsehabend mit seinen Kumpels mal ohne Freundin gönnen und schlichtweg zu faul sein, sich vorher noch an den Herd zu stellen, weil Männern filigrane Kochkunst in der Regel fremd ist.

TEARS ON THE TELEPHONE. KOMMUNIKATION OLD SCHOOL.

Für die jungen Leser nun ein finaler Ausflug in die Vergangenheit. Wir beginnen ihn mit einer schockierenden Offenbarung: Ja, der Verfasser dieser Zeilen ist tatsächlich älter als das Internet, wie wir es kennen. Und er hat schon in einer Zeit gelebt, in der es noch keine Handys geschweige denn Smartphones gab. Ehrenwort! Seine Eltern haben vor vielen Monden ganz ohne Dating-App zueinander gefunden. Damals hat man sich zum Flirten noch beim Tanztee oder beim Kegeln oder beim Scheunenfest oder auf dem Rummel (heute Kirmes) getroffen, Briefe aus echtem Papier geschrieben und mausgraue Telefone mit Wählscheibe benutzt, um mehr über sein Herzblatt zu erfahren.

Flirt per Wählscheibe. Und damit sind wir auch schon beim Thema dieses Retro-Kapitels: Telefone! Einst noch mit besagter Wählscheibe aus transparentem Kunststoff ausgestattet, die jeden Anruf zu einem Ritual mit Würde machte. Dann kamen hochmoderne Tastentelefone, die alles auf den Kopf gestellt haben, was man bis dahin kannte. Schnurlos konnten damals nur die Reichen telefonieren. Und wer ein ganz schlauer Fuchs war, der besorgte sich ein extra langes Anschlusskabel, um das Telefon – TUSCH! – in jedes Zimmer mitnehmen zu können, aus dem man mit der Welt da draußen telefonieren wollte.

Fasse dich kurz! Für Telefone war im Zeitalter vor der Flatrate noch die *Bundespost* zuständig, und im Fernsehen gab es nur drei Programme. Die coolsten Klassenkameraden hatten schon einen *Farbfernseher* zu Hause und wenig später auch noch einen *Videorecorder*, mit dem man seinen Lieblingsfilm aufnehmen und ihn sich gleich noch einmal sehen konnte. Phantastisch!

Als Handys noch Türen hatten. Die Handys, die wir als Schüler benutzten, hatten Türen, waren verglast, gelb lackiert wie Sonnenblumen, verlangten 20 Pfennig für ein Ortsgespräch, standen an so ziemlich jeder Straßenecke und hießen *Telefonzelle*. Mit etwas Glück waren sie auch noch mit vollständigen Telefonbüchern in Klappordnern ausgestattet und verfügten über einen Aschenbecher, eine funktionierende Innenbeleuchtung sowie über einen Ablageplatz für deinen Jutesack voller Groschen.

Wolltest du dir die Welt im Allgemeinen und deinen Flirt im Speziellen nach Hause holen, dann hast du sie von daheim aus angewählt. Oder einfach nur darauf gewartet, dass er oder sie endlich, endlich anruft. Du hast das Telefon nicht einen Moment lang aus den Augen gelassen und zig Mal überprüft, ob das Kabel auf der Rückseite auch richtig angeschlossen ist und fest in der Telefondose der *Bundespost* steckt. Und ob der Hörer korrekt auf der Gabel liegt. *Ruf doch mal an!* So stand es damals in der schneeweißen Sprechblase einer Werbeanzeige, auf der ein giftgrünes Telefon zu sehen war. Mit Tasten zum Eintippen, versteht sich. *Ruf doch mal an!* Das hast du still und heimlich deinem Herzblatt am anderen Ende der Stadt zugerufen, nachdem du deiner Flamme in der großen Pause deine

Telefonnummer zugesteckt hast, verborgen zwischen doppelten Panini-Sammelbildern, damit bloß niemand etwas merkt!

Mit dem grauen Kasten am Zusatzkabel hast du dich dann in deinem Jugendzimmer mit Nena-Starschnitt (bei mir hing damals außerdem noch eine ziemlich imposante 3-D-Ansicht von Kim Wilde aus der *Bravo*) eingeschlossen, um analog zu flirten. Bis einer deiner Erziehungsberechtigten draußen an die Tür geklopft hat, um dir mit dem Feingefühl einer Abrissbirne mitzuteilen, dass Papa jetzt auch mal telefonieren muss. Und dass du die Hälfte der Telefonrechnung am Monatsende zu bezahlen hast.

Telefon defekt? Du hast Stunden mit dem grauen Kasten verbracht und sein Hörerkabel wieder und wieder durch deine Finger geschraubt. Du hast Ewigkeiten darauf gewartet, dass das Telefon klingelt. Und wenn nicht? Dann hast du einen Freund oder eine Freundin angerufen, um sie zu bitten, kurz mal eben zurück zu klingeln, damit du dir wirklich, wirklich sicher bist, dass auch *jeder Anruf* durchkommt. Und wenn es ganz schlimm kam, dann hast du dich vorsichtshalber auch noch bei der Störungsstelle gemeldet, obwohl dein Telefon völlig intakt war.

Knapp verpasst! In der Regel hat deine Flamme ausgerechnet dann angerufen, wenn das Telefon im Zimmer deiner Schwester oder deines Bruders stand. Sie haben dir das Telefon dann rüber gebracht, mit feierlicher Miene. Oder du warst ausgerechnet in der wichtigsten Sekunde deines Teenager-Daseins mal eben nebenan in der Küche, um dir noch ein *Raider* oder ein *Banjo* aus dem Schrank mit Süßkram zu holen. Oder du hast dir in der Zwischenzeit ein Bad eingelassen und konntest das Telefon leider nicht dorthin mitnehmen, weil das Kabel nicht lang genug war.

Telefonie leider ohne Magie! Heute gibt es sie in Massen: Männer, die auf Telefone starren. Und Frauen, die auf Telefone starren. Nur mit dem Unterschied, dass sie das nicht mehr zu Hause machen. Vor Ewigkeiten gab es mal einen netten Werbespot, in dem ein verliebtes Mädchen mit zig Sommersprossen und glänzenden Augen bei seiner Flamme angerufen hat – um sofort wieder aufzulegen, sobald er sich am anderen Ende gemeldet hat. *Einmal, zweimal, dreimal!* Und das in einer Zeit, in der es noch keine Rufnummer-Übertragung gab und nur die oberen Zehntausend mobile Telefone in ihren Autos hatten, um unterwegs wahlweise mit dem Kanzleramt, mit dem Papst oder mit dem Präsidenten der Vereinigten Staaten von Amerika zu sprechen. Heute hingegen kannst du überall telefonieren und damit auch überall flirten. Der Anruf deiner Liebsten oder deines Liebsten sorgt zwar immer noch für Herzklopfen, aber er ist längst nicht mehr der magische Moment, der unsere Eltern am Telefonhörer einst miteinander verbunden hat. Und das im wahrsten Sinne des Wortes.

Ein Fall für die X-Akten. Fox Mulder und Dana Scully waren unschlagbar, als sie in den 90ern wahlweise Gespenster, Monster oder Aliens verfolgt haben. Der Griff zum Handy war damals noch ein sakraler Akt. Heute haben wir mit dem Smartphone die Welt in der Tasche. Oder glauben das zumindest. Tatsache ist aber nach wie vor: Die Wahrheit ist irgendwo da draußen. Und sie hält sich an alles – nur nicht an das beste Netz und die schnellste Akku-Ladezeit. Was machen wir eigentlich, sollten Smartphones, Tablets und Laptops eines Tages alle dunkel bleiben? Auch dann werden

Frauen und Männer zueinander finden. Einfach so und ganz altmodisch. Auch wenn es im Zeichen des Klimaschutzes nicht mehr vertretbar ist, den Namen seines Herzblatts in Baumstämme am Wegesrand zu ritzen – wie bereits beschrieben.

LIEBE GEHT DURCH DEN WAGEN.
FLIRTEN IM STRASSENVERKEHR.

Sobald es um die Kombination von Liebe und Verkehr geht, neigt mancher Zeitgenosse zu eindeutig zweideutigen Wortspielen. Das beginnt beim Swinger-Club, der verkehrsgünstig liegt, und endet beim PS-Protz, der mit den Ausmaßen seines Auspuff-Endrohrs persönliche Unzulänglichkeiten unterhalb seines Bauchnabels zu kompensieren versucht. Aber das nur am Straßenrande. Verkehr in konventioneller Form ist Alltag. Und Alltag birgt immer auch die Chance, unterwegs der Traumfrau oder dem Traummann zu begegnen.

Die Wahl des Verkehrsmittels spielt dabei eine Nebenrolle, denn es geht in erster Linie um die Begegnung zweier Verkehrsteilnehmer nach dem Zufallsprinzip. Ganz gleich, ob sie mit dem Auto, auf dem Fahrrad, zu Fuß oder mit der Bahn unterwegs sind. Im Flugzeug finden sich Paare ebenso wie auf dem Schiff, im Bus oder auch beim Schwimmen.

Straße muss sein! Über das automobile Flirten ließen sich Mehrteiler schreiben. Und auch beim Autofahren eröffnet sich den Herren der Schöpfung die einmalige Gelegenheit, sich als Gentleman zu beweisen, wenn sich der Rest der Menschheit auf dem *Highway to Love* mal wieder so kultiviert benimmt wie eine Horde Wikinger beim Sturm auf eine mit Gold und Spießbraten gefüllte Festung reicher Mönche an der Nordseeküste. Wenn im Meer der Berufspendler jeder mal wieder der Erste sein will, zeigst du einfach, dass es auch anders geht – und lässt die Dame im Wagen vor dir einscheren, ohne ihr auf die Stoßstange zu fahren. Denn das wäre eine denkbar schlechte Ausgangslage für einen kurzen Flirt an der nächsten Ampel, wenn sich eure Blicke im Rückspiegel treffen und ihr beide zeitgleich lächelt. Wer kennt ihn nicht – den ebenso wunderbaren wie zeitlosen Song von Henry Valentino, längst die inoffizielle Hymne all jener, die auf Achse da draußen ihr großes Glück suchen: *Im Wagen vor mir fährt ein junges Mädchen*, heißt es da mit rauchiger Stimme, wenn *er* auf der Heimfahrt *ihr* begegnet. Und sich am Steuer fragt, was sie jetzt wohl gerade denkt in ihrem französischen Kleinwagen, nur eine Fahrzeuglänge voraus. Und selbst in Zeiten von *Modern Stalking* und reisenden Serienkillern ist der Schlager über eine zufällige Begegnung im Straßenverkehr mit seiner PS-Romantik einfach nur schön. Bis sich die Wege der Beiden für immer trennen – weil *sie* abbiegt und *er* noch zwei Stunden Heimfahrt vor sich hat.

Ob beim Tanken auf der Durchreise, im Stau auf der Autobahn oder in der Warteschlange vor der nächsten Waschstraße: Möglichkeiten bieten sich unterwegs eigentlich immer. Es sei denn, du bist Teilnehmer der ersten bemannten Mars-Mission und ganz alleine in deinem Raumschiff auf der Reise zum Roten Planeten. Bist du im Auto von Blech, Glas und Kunststoff umgeben, was naturgemäß bei der Kontaktaufnahme stört, hast du auf dem Fahrrad einen entscheidenden Vorteil. Wenn es funkt, musst du nur noch den Helm abnehmen. Doch ernsthaft: Radfahren liegt im Trend, Radfahren ist gesund, und Radfahren verbindet. Das perfekte Pendant zum Starthilfekabel bieten Pannen-Werkzeug und eine Luftpumpe, die den wahren

Kavalier auf der Radwegtrasse auszeichnen. So was können Harley-Fahrer jedenfalls nicht bieten. Und wer weiß? Vielleicht begegnest du schon morgen auf großer Radfahrt der Frau deines Lebens, weil sie rein zufällig Jod und Verbandszeug dabei hat, nachdem sich ein unangeleinter Terrier mal wieder in deinen Waden verbissen hat und ihr gemeinsam auf den Krankenwagen wartet.

Und wenn du als Fußgänger an der Ampel zum Warten verdammt bist? Dann schau doch einfach mal nach links und nach rechts. Das kann man als Fußgänger ohnehin nicht oft genug tun. Ob im Zug, im Fernbus oder beim Einchecken am Flughafen: Bleibe aufmerksam & gentle. Mit etwas Glück kommt ihr zwei dann bald gemeinsam ans Ziel eurer Reise. Eine Ausnahmesituation wie ein plötzlicher Wintereinbruch schweißt Fahrer über die Grenzen ihrer Fahrzeuge hinweg naturgemäß zusammen. Schon mal daran gedacht, für den Fall der Notfälle eine zweite Wolldecke im Kofferraum zu haben, solltest du im Stau eingeschneit sein und der Dame im Wagen vor dir das Leben retten wollen, bevor die Versorgungsteams des Roten Kreuzes durchkommen? In nicht ganz so extremen Fällen reicht schon ein zweiter Eiskratzer oder (für die Softies unter euch) ein zweites Eisfrei-Spray, um eurer Flamme auf dem Parkplatz spontan aus der Klemme zu helfen und Väterchen Frost gemeinsam zu zeigen, wo in diesem Winter der Hammer hängt. Alternativ dazu kannst du deiner Traumfrau im Tiefschnee natürlich auch einen Parkplatz in deinem Herzen freischaufeln.

Abschließend noch ein gut gemeinter Rat: Seht um Himmels Willen von Flirt-Versuchen bei Allgemeinen Verkehrskontrollen ab! Lass selbst die hübscheste Streifenpolizistin links liegen, wenn sie dich rechts ran gewunken hat, weil du innerhalb einer geschlossenen Ortschaft mehr als 50 km/h zu schnell unterwegs gewesen bist. Das gilt gerade auch dann, wenn sie es gemeinsam mit ihren Kollegen für angebracht hält, dass du nach dem Aussteigen erst mal beide Hände gut sichtbar auf das Dach deines Autos legst, weil auf dem Beifahrersitz die ziemlich große Krieg-der-Sterne-Wumme deines kleinen Neffen liegt und einer Maschinenpistole verdächtig ähnlich sieht. Dumm gelaufen und definitiv nicht der richtige Moment für automobile Romantik.

LET'S WORK IT OUT TOGETHER.
LIEBE SPRENGT JEDE EXCEL-TABELLE!

Geht es um die Partnersuche im 21. Jahrhundert, kommt man an diesem Thema nicht vorbei: *Liebe im Job*. Und auch diese Konstellation ist mindestens so alt wie die Menschheit, wobei die meisten erfahrenen Leserinnen und Leser bereits bei der Lektüre dieser Zeilen das dünne Eis unter sich knacken hören – und das aus gutem Grund: Fluch und Segen liegen nahe beieinander, sobald bei der Arbeit Gefühle ins Spiel kommen, die über die Vorfreude auf den nächsten *Schnitzeltag* in der Kantine hinausgehen.

Wenn du mehr oder minder fest angestellt bist, verbringst du einen nicht unerheblichen Teil deines Tages bei der Arbeit. Und ganz egal, ob du dein Geld im Büro, in der Fabrik oder auf einer Ölplattform in Alaska verdienst – überall kann dir als Single im Job jemand über den Weg laufen, der mit einem Mal wichtiger ist als jede Excel-Tabelle. Einen Schnellkurs *Richtig flirten bei der Arbeit* gibt es hier nicht. Berufliches und Privates sollte man strikt voneinander trennen – und man kann nur offensiv damit umgehen, wenn es auf der Arbeit gefunkt hat: Ihr seid mit

Sicherheit nicht die Ersten und auch nicht die Letzten im Betrieb, die sich im Job gefunden haben.

Ein Arbeitgeber tut gut daran, Paare fortan in unterschiedlichen Abteilungen arbeiten zu lassen, sofern sie das ohnehin nicht schon bereits getan haben. Und beiden Seiten ist von Anfang an klar: Wenn es gut läuft, kann der Partner in derselben Firma ein Segen sein. Und wenn nicht? *Die Hölle.* Klatsch und Tratsch muss ein erfolgreicher Flirt ebenso standhalten können wie der Tatsache, dass man nach Feierabend unter Umständen nur ein Thema hat. Vom gemeinsamen wirtschaftlichen Risiko, wenn es der Firma nicht gut geht, mal ganz abgesehen. Nicht wenige Singles entscheiden sich deshalb bewusst für Partner, die in einem anderen Job arbeiten und schalten bei der Arbeit einfach die Antennen aus, so single sie mitunter auch sind.

Fassen wir zusammen: Der gemeinsame Job kann verbinden wie trennen. Und am Arbeitsplatz mehr oder minder offensiv zu flirten, geht in der Regel nach hinten los. Gleiches gilt für die berühmte Betriebsfeier oder für den Abteilungsausflug, der nicht selten was von Klassenfahrt hat. Die Coolsten sitzen im Bus nach wie vor ganz hinten. Sind sie aber auch die Besten?

Und wenn du in einer Partnerbörse online ein vertrautes Gesicht aus dem Büro entdeckst? Besser sofort weiterklicken und es gar nicht erst zu einer unter Umständen unangenehmen Situation für beide Seiten kommen lassen. Das Eis ist dünn. Nicht nur im Frühling.

DIE LIEBE FREUNDIN.
(ZU) GUT GEMEINTE STARTHILFE.

Wie sagt man so schön? *Freunde sind die Familie, die man sich aussuchen kann.* Und jede Familie ist immer auch für eine Überraschung gut, wenn man gar nicht damit rechnet. So kann es einem Single passieren, dass er ganz unverhofft Rückenwind bekommt. *Hör mal,* sagte mal eine Freundin. *Ich weiß, dass du auf der Suche bist – und ich habe eine gute Bekannte, die das auch ist. Was hältst du davon, wenn ihr zwei euch einfach mal trefft?* So oder ähnlich werden es einige von euch schon erlebt haben, und diese Form der Starthilfe ist immer eine Überlegung wert. Was habt ihr schon zu verlieren – außer einem netten Vormittag, einem netten Nachmittag oder einem netten Abend? Mit Verkuppeln hat das nichts zu tun, denn auf diese Weise wird ja nichts inszeniert, ohne dass die Hauptakteure davon wissen.

Anders verhält es sich mit lancierten Begegnungen, die ebenfalls alles andere als zufällig sind, aber beide Seiten in schwieriges Fahrwasser bringen können, wenn der Funke beim gezielten Aufeinandertreffen bei der Gartenparty oder beim Spieleabend einfach nicht überspringen will. Oder wenn es (was fast noch schlimmer ist) einseitig bleibt. Da ist ein entspanntes Treffen aus freien Stücken schon etwas anderes. Und wer weiß? Vielleicht sendet ihr zwei ja wirklich auf derselben Frequenz, und eure Leuchttürme stehen schon seit Ewigkeiten an derselben Küste, nur jeweils in einer anderen Bucht, ohne dass ihr das Lichtsignal eures Nachbarn bislang bemerkt habt.

Tatsache ist aber auch: Ganz so unbefangen wie bei einem Internet-Date ist die Begegnung mit der guten Freundin oder dem guten Freund einer guten Freundin oder eines guten Freundes mit Sicherheit nicht. Denn es gibt jemanden, der euch nahesteht, der Bescheid weiß und der insgeheim hofft, euch damit etwas Gutes zu tun. Wenn es dann nicht passt, wirkt das nach, und das in nächster Nähe. Und das zeigt einen der Punkte, in denen die Online-Suche ganz klar Vorteile bietet: Ihr zwei könnt euch auf diesem Weg zwanglos kennenlernen – ohne Mitwisser im Freundeskreis.

ZWISCHEN HANTELN & BIERDECKELN. ANALOG FLIRTEN – ABER MIT STIL.

Als dieses Buch hier in den Anfängen steckte, erzählte mir eine Kollegin mal von ihrem Archiv zu Hause. Darin befinden sich nicht etwa Münzen, Briefmarken oder alte Zeitungsartikel – sondern Bierdeckel aus Kneipen und Diskotheken. Wie viele mit den Jahren zusammengekommen sind, vermochte sie mir damals nicht zu sagen, aber es werden einige gewesen sein. *Kugelschreiber auf Pappe.* Eingeritzt sind Vornamen und Handy-Nummern, verbunden mit der Hoffnung, die Dame möge am nächsten Morgen doch bitte mal anrufen. Ob das mit Blick auf den einen oder anderen Bierdeckel tatsächlich geschehen ist, bleibt ein Geheimnis. Fest steht nur, dass wir es auch in diesem Fall mit einer klassischen Form des analogen Flirts zu tun haben. Bierdeckel sprechen für sich. Ob im

Fitness-Studio oder im Sportverein, ob beim Einkaufen oder an der Tankstelle – immer und überall kann dir dein Traummann oder deine Traumfrau über den Weg laufen. *Jetzt erst Specht:* Natürlich auch beim Joggen im Wald, oder wenn du unterwegs bist mit deinen *Dackeln im Sturm.* Bist du dann aber auch bereit, den ersten Schritt zu machen?

Dem Verfasser dieser Zeilen ist eines klar: Nein, er war nie der Bierdeckel-Typ. Und er hätte sich als Single auch niemals getraut, eine Frau anzusprechen, die gemeinsam mit ihren Freundinnen unterwegs ist und einfach nur einen schönen Abend genießen will. Der analoge Flirt verlangt schon sehr viel Mut. Im Internet liegen die Hürden auf dem Weg zum Ziel entschieden niedriger. Offline oder doch lieber online? Beide Wege können Schatzsucher gleichermaßen ins Glück führen – solange man nur mit Stil unterwegs ist. Und nicht mit Stiel. *Ausrufezeichen!*

SINKENDE SCHIFFE & GEFÄHRLICHE RIFFE. EINSAM ZU ZWEIT AUF HOHER SEE.

Alles Liebe? Wenn du als Single zu den reiferen Jahrgängen zählst, bekommst du es immer wieder mit Frauen und Männern zu tun, die langjährige Partnerschaften hinter sich haben und dir einen Eindruck davon geben, was da draußen los ist auf hoher See. Wenn Liebe wie Freundschaft mit der Zeit morsch geworden sind und das gemeinsame Schiff zu sinken droht, weil die schadhaften Bretter immer nur lackiert wurden, damit sie nach außen weiterhin ansprechend und intakt wirken.

Und wenn beide Seiten davon abgesehen haben, in die Jahre gekommene Planken am Rumpf des Schiffs zu ersetzen, mit Ruhe und mit System. Morsche Bretter haben die Eigenschaft, dass sie Wasser eindringen lassen, mit der Zeit immer mehr, bis sich schließlich soviel Gewicht in den Unterdecks gesammelt hat, dass das Schiff zunächst an Fahrt verliert, sich dann immer schlechter manövrieren lässt – und schließlich sinkt. *Alles Liebe!* Wer aufrichtig einen Partner sucht und das in Worte fasst, ob auf Papier oder auf dem Bildschirm, lernt eine Menge über sich selbst und über andere Menschen. Und ganz gleich, was euch auch fehlt – niemand hat mit Blick auf Liebe und Freundschaft die Deutungshoheit: Weder die Kirche noch die Philosophie, erst recht nicht die Politik und schon gar nicht das Internet mit künstlicher Intelligenz. Natürlich kannst du tief im Liebeskummer auch das Beten für dich entdecken, als eine Form der Hoffnung auf ein Happy End. Letzten Endes hast du allein es in der Hand. *Du allein bist deines Glückes Schmied,* wie man es früher auf den Punkt gebracht hat.

Für alle da draußen, die vergeblich suchen, vergeblich kämpfen, vergeblich flirten und vergeblich hoffen: *Die Abwesenheit von Glück bedeutet nicht Pech!* Jede neue Begegnung lässt dich wachsen. Jede neue Erfahrung lässt dich reifen, und mag sie auch noch so ernüchternd sein. Du lernst zu finden, und du lernst wieder loszulassen. Das haben mir viele ernst zu nehmende Kontakte offenbart: Sie erfahren mit jedem neuen Menschen eine Menge über die eigenen Wünsche und Erwartungen. Und sie stellen immer wieder fest, dass es Singles gibt, die nach außen hin in einer intakten Beziehung leben, tief in ihrem Herzen aber auf einen Neustart hoffen. Ich bin auf meiner Schatzsuche Menschen begegnet, die sich aus den verschiedensten Gründen keine Partnerschaft mehr wünschen und zufrieden damit sind. Andere wiederum suchen nur noch etwas für den Moment und lassen sofort wieder los, sobald die Weite ruft. Ich habe auch erlebt, dass einige Segler ihre Piratenflagge am liebsten wieder einholen würden – das aber einfach nicht mehr können. Sie steuern Schiffe ohne Häfen.

SIE SUCHT IHN AUF DEM KLASSISCHEN WEG: PAPIER BLEIBT GEDULDIG.

W er in den 70er, 80er und 90er Jahren aufgewachsen ist, erinnert sich noch gut an die Samstagsausgabe der Tageszeitung. Sie war oft so dick, dass sie kaum noch in den Briefkasten gepasst hat. Damals konnte man sich noch seitenweise durch den Anzeigenteil ganz hinten arbeiten und darin nach Wohnungen, Autos, Jobs und auch nach einem neuen Partner suchen. Das *Topf-sucht-Deckel-Motiv* ist mittlerweile zwar verbeult, aber es passt immer noch, auch wenn viele von uns nicht mehr kochen können. Innerhalb weniger Jahre ist ein großer Teil der Rubriken-Anzeigen von der gedruckten Zeitung aus ins Internet gewandert. Und mit ihnen etliche Frauen und Männer auf Schatzsuche. Man darf sie dennoch nicht außer Acht lassen – die klassischen Kontaktanzeigen in Zeitungen und Magazinen, auch wenn es mitunter schwierig ist, sich in nur wenigen Zeilen darzustellen.

Ich selbst habe es als Schatzsucher erholsam gefunden, auch mal wieder einen echten Brief zu schreiben und ihn an eine Chiffre-Adresse zu schicken. Eine Alternative für alle, denen Displays suspekt sind und die sich nicht online präsentieren möchten.

Zugegeben: Es ist heutzutage fast unmöglich, sich von Chat-Plattformen zurückzuziehen oder dort gar nicht erst an Bord zu gehen, will man nicht ausgegrenzt werden und den guten Draht zu Freunden, Verwandten und Kollegen verlieren. So praktisch sie zuweilen auch sind: Chats können dir wertvolle Zeit für Wichtigeres im Leben nehmen und dich unter Zugzwang setzen, sobald du beim Austausch von Nachrichten nicht so mitziehst, wie andere das von dir erwarten.

Auch über *digitale Diäten* ließen sich Mehrteiler schreiben – und das nicht nur mit Blick auf die Partnersuche. Doch es klappt, wenn man nur konsequent bleibt und den Anspruch hinter sich lässt, permanent online zu sein und der Welt da draußen mitzuteilen, was man gerade macht und wie man sich gerade fühlt. Für Millionen von uns ist die Smartphone- und Netzkommunikation zum Maß aller

Dinge geworden – und wir verlieren uns in digitalen Weiten mit hohem Suchtpotenzial.

Gegen den Strom zu schwimmen, bewusst offline zu sein und das auch zu bleiben, wird immer schwerer, wenn es um Liebe, Freundschaft und Familie geht. Im Pandemie-Jahr 2020 hat sich diese Entwicklung noch einmal beschleunigt, und ein Ende ist nicht abzusehen. Dabei haben wir es auch hier selbst in der Hand. Nach wie vor und im wahrsten Sinne des Wortes.

Viele Wege führen auf der Schatzsuche zum Ziel. Und längst sind das nicht nur die digitalen, so groß ihre Übermacht auch sein mag. Analoge Chancen bietet zum Beispiel die gute, alte Single-Party, die alles ist, nur keine Resterampe. Ebenso eine Gruppenreise, die speziell auf Singles zugeschnitten und weitaus entspannter ist als ein Speed-Dating-Event oder der Besuch bei einer Kartenlegerin.

Und natürlich gibt es sie auch im 21. Jahrhundert, die klassischen Partnervermittler, die sich bewusst nicht auf dem digitalen Parkett bewegen und Paare auch ohne Display zusammenbringen. So hat auf der grünen

Insel das *Matchmaking Festival* Tradition. Im Herbst lockt es Jahr für Jahr tausende Singles in den irischen Küstenort Lisdoonvarna. Pünktlich zum Erntedankfest gibt es dort einen großen Heiratsmarkt, der längst internationales Interesse auf sich zieht. Manchmal kann es hilfreich sein, konservativ auf Schatzsuche zu gehen – und nicht gleich jedem Spielmann zu folgen, so verlockend seine Melodien auf der digitalen Flöte auch klingen.

Vorsicht ist im Netz immer geboten: Das zeigt auch ein Fall von vorgetäuschter Liebe, von dem neulich erst in der Zeitung zu lesen war – und der von Ermittlern bei der Polizei als *Love- & Romance-Scamming* bezeichnet wird. Diesmal hat es einen 42 Jahre alten Mann aus dem Ruhrgebiet getroffen, der seiner Flamme von der Dating-Seite auf ihre Bitte hin mehr als 4700 Pfund auf ein irisches Konto überwiesen hat, um ihre angeblichen Anwaltskosten zu begleichen – damit sie sich, so das Märchen, eine ihr zustehende Erbschaft in Höhe von fast 1,3 Millionen Pfund sichern konnte. *Das Ende vom Leid:* Die 4700 Pfund sind nach der Transaktion ebenso verschwunden wie die angehende Millionärin mit den dunklen Augen.

Mit Blick nach Irland bietet sich aber auch die folgende Anekdote an – nach einer wahren Begebenheit, von der der Verfasser dieser Zeilen persönlich zu berichten weiß: Als ich die grüne Insel vor vielen Jahren mit Freunden selbst einmal bereist habe, nahmen wir das mit Fahrrädern in Angriff. Um genau diese mit dem Flieger ins Zielgebiet zu bekommen, mussten wir die Bikes in wuchtige Boxen aus Pappe packen. Und ausgerechnet auf meinen Karton hatte ein Flughafen-Mitarbeiter mit Filzstift diesen Hinweis geschrieben: DO NOT TAKE THAT BOX! Das sollte dafür sorgen, dass mein Drahtesel heil in Irland ankam – was er dann auch tat.

Beim Auspacken meines Fahrrads am Zielflughafen leisteten mir mit einem Mal zwei fremde junge Damen auf der Durchreise Gesellschaft und schauten mir aufmerksam über die Schulter. Ich glaube, es handelte sich um Amerikanerinnen. Was ich zuerst als Kompliment und netten Airport-Flirt aufgefasst habe, entpuppte sich auf den zweiten Blick als bloßer Irrtum: Das X von BOX glich nämlich einem Y. Und gab dem Hinweis auf dem Karton im Handumdrehen eine neue Tonalität: DO NOT TAKE THAT BOY!

Und was lernen wir daraus? Dass Reisen bildet, immer und überall. Und dass das Schreiben Handwerk bleibt. Ganz gleich, wo du auch landest.

Guten Tag!

*Wie geht es dir? Ich hoffe, dass ich Marie Jose Alberto bin.
Ich bin ich hier, um meinen Freundeskreis zu vergrößern
und den Seelenverwandten zu finden, wenn möglich!*

DRITTER TEIL
LANDEBAHN IN SICHT!
SCHATZSUCHE ACCOMPLISHED

Hallo!

*Mein Name ist Chris, sehr neu hier, ist gerade gestern.
Ich will gerne mehr über Sie wissen es besser.
Ich möchte meinen Mann älter sein, weil ich will,
dass er weiß, was er will, zu sein ausgereift,
zuverlässig und selbstbewusst.*

*Haben Sie Skype oder E-Mail-Adresse,
wo wir besser unterhalten und mehr übereinander?
Sie müssen sicher sein, dass ich für eine ernsthafte Beziehung
für Sie fertig bin!*

Aus Spam-Mails an den Autor.

BESUCH AUS DER PRÄRIE:
WILLKOMMEN IN DER WAGENBURG!

Leserinnen und Leser um die 40 mit einem ebenso guten wie großen Freundeskreis kennen das: Du bist umgeben von Familien, die mehr oder minder intakt sind. Du kennst aber auch Einzelgänger, die sich mit ihrem Leben alleine arrangiert haben und die sich eine Partnerschaft auf Dauer nicht mehr vorstellen können. Und du begegnest auf deiner Reise Singles quer durch den Garten: Die einen sind frisch getrennt und sammeln sich gerade erst. Die anderen haben sich bereits auf den Weg gemacht und suchen mehr oder minder gelassen nach einer neuen Entsprechung – in welcher Form auch immer. Sie sind wie du auf Schatzsuche und wieder auf Sendung.

Das alles liest sich nach Patchwork. Ist es auch! Die klassische Familie ist nicht mehr die Regel, hält dir als mehr oder minder glücklicher Single aber immer wieder vor Augen, wie schön es sein kann, wenn dein Herz ein Zuhause hat, in dem Menschen dir nahe sind. Und das auch bleiben. *Genießt euer Glück,* sagte ich dann immer – *auch wenn es mal wieder anstrengend ist mit Kind und Kegel. Das hier ist alles andere als selbstverständlich!* Und ich erzählte dann, was ich da draußen so alles erlebt habe, unterwegs in der Prärie. Einiges davon steht hier in diesem Buch.

Familien sind wie Wagenburgen in unruhigen Zeiten. Wenn sie gut aufgestellt sind, dann stehen sie für Zusammenhalt, Geborgenheit und Schutz, ganz gleich, was da draußen in der Wildnis auch los ist. Das ist eine Kombination, die sich viele Singles insgeheim auch für sich wünschen – ganz gleich, ob sie online oder offline durch die Prärie reiten. Sie wollen ebenso nach Hause kommen und nicht länger als Nomaden durch den Wilden Westen streifen. Sie wollen etwas von Bestand und eines Tages vielleicht selbst (wieder) den Schutz einer Wagenburg oder einer Blockhütte mit stabilem Fundament.

Wer als Single in einer Wagenburg zu Gast ist und am Lagerfeuer von seinen Erlebnissen als Desperado berichtet, kann sich ungeteilter Aufmerksamkeit sicher sein: Wer hört nicht gerne von fremden Welten? Fakt ist: Wenn du als Single ein neues Zuhause für dein Herz finden willst, musst du die Wagenburgen außen vor lassen, dein Glück in Hufeisenform selbst schmieden und bis auf Weiteres alleine in den Sonnenuntergang reiten. Bis du wieder auf deiner Ranch weit draußen bist und dich nochmal einloggst: *Guten Abend und danke für deine Mail! Wie sind deine Erfahrungen hier? Ich habe gerade eine Abendrunde gedreht und schreibe kurz noch diese Zeilen. Bist du auch gerne draußen? Dein Steckbrief gefällt mir. Melde dich, wenn du magst. Ich würde mich freuen.* Bevor du dich ausloggst und zu Bett gehst, wirfst du draußen noch einmal einen Blick in den Himmel über der Prärie. Und wenn es gut läuft, bekommst du eine Antwort, bevor du alle Sterne da oben gezählt hast und deine Mundharmonika zur Seite legst.

DAS GLÜCK KOMMT WIEDER IRGENDWANN ...

Weil es gar nicht anders kann! Ganz gleich, ob man sich als Single online oder offline bewegt: Man bekommt es immer wieder mit Trauer, Ernüchterung, Verbitterung, Resignation und vielen offenen Fragen zu tun: *Werde ich nach dem Absturz in die Hölle jemals wieder lieben können? Warum finde ich nicht die Richtige? Was hält ihn nur davon ab, sich einfach mal mit mir zu treffen? Schaffe ich das alles überhaupt alleine?* Dass sich Paare selbst nach vielen gemeinsamen und guten Jahren trennen, trägt nicht gerade zur Beruhigung der Lage bei. Gleiches gilt für den Umstand, dass viele Singles aufgeben, weil sie selbst im Netz der unbegrenzten Möglichkeiten ihr Gegenstück einfach nicht finden. Und das seit Jahren.

Gegenfragen: Was wäre das Leben ohne Liebe? Ohne das Gefühl, dass da draußen jemand ist, der zu dir steht ohne Wenn und Aber? Was wäre, wenn sich Liebe operativ entfernen ließe mit einem ambulanten Eingriff oder mit einer Pille auf Rezept? Ginge es dann wirklich allen besser, denen die Suche nach Liebe oft nur das hier bringt: Enttäuschung, Schmerz und Sehnsucht? Ganz gleich, in welcher Verfassung – ich würde diese Pille niemals nehmen.

Liebe und Verlust sind Geschwister. Wer glückliche Paare sieht, die erst der Tod zu trennen vermag, wird das auch für sich erkennen: Liebe ist jeden Kampf wert. Und es lohnt sich, auf der Suche danach niemals aufzugeben – so schwer das nach Niederlagen manchmal auch ist. Wenn du dir selbst treu bleibst, führt der Weg unweigerlich zum Ziel. Online wie offline. Die Suche nach Liebe ermöglicht Begegnungen, von denen andere nur träumen. Sie inspirieren und bereichern dich im besten Fall. Und sie zeigen dir, dass das Leben immer von vorne kommt.

SPOILER-WARNUNG!
VERRATE NICHT ZUVIEL VOM FILM.

B leibe auf der Suche nach deinem Schatz spannend und falle nicht mit der Tür ins Haus, auch wenn es bei dir gefunkt hat. Verrate im Trailer nicht gleich den ganzen Film! Mache dein Herzblatt erst einmal neugierig und lade es ins Kopfkino ein. *Du bist ein Thriller und keine Gebrauchsanleitung!* Du bist ein Song von einem sehr guten Album und nicht bloß ein One-Hit-Wonder, das ganz nett klingt und das man schnell wieder vergisst. Selbstvertrauen ist ebenso wichtig wie Gelassenheit, wenn es gerade mal nicht so läuft wie gewünscht.

An der Frage, ob es Liebe auf den ersten, zweiten oder dritten Blick gibt, scheiden sich die Geister. Oft braucht es mehrere Treffen, um wirklich klar zu sehen und ein Gefühl füreinander zu bekommen, das weiter reicht als Sympathie. Ich selbst habe irgendwann einfach davon abgesehen, ein Treffen unter Singles als Date zu bezeichnen und mental ins Labor zu gehen: *Substanz A trifft Substanz B. Wie reagieren sie aufeinander? Vertragen sie sich, oder stoßen sie sich ab?* Spontan ist anders, und natürlich treffen sich Singles, die sich auf Partnersuche verabreden, immer unter besonderen Vorzeichen. Man fährt mit einem Kribbeln im Bauch ins Zielgebiet, und das ist gut so, denn sonst nimmt man die Begegnung nicht ernst. Etwas nervös zu sein, weil man bislang nur den Trailer kennt, ist ganz normal: Zwei Stunden Spannung erwarten dich, wenn es prima läuft. Und es ist gut zu wissen, dass Kinotickets dieser Art etwas Besonderes sind. Dein Gegenüber schenkt dir nämlich das Wertvollste: Zeit.

VIEL ZU WAHR, UM SCHÖN ZU SEIN: FREUNDSCHAFT PLUS & ANDERES.

Können wir uns im Zeitalter der Beschleunigung und Lebensabschnittspartner überhaupt noch auf Dauer binden? Ist da draußen überhaupt noch jemand, der sich bekennt und auch dann nicht verschwindet, wenn es schwierig wird im Leben? Liebe hat diverse Facetten und mit dem Glauben an etwas eines gemeinsam: Beide können Berge versetzen. Alleine deswegen lohnt es sich schon, mit der Vergangenheit Frieden zu schließen, beherzt nach vorne zu schauen, aufzubrechen und Zukunft zu bauen. Gemeinsam mit Menschen, die an und auf deiner Seite bleiben.

Viel zu wahr, um schön zu sein! Sich auf Partnersuche zu begeben, heißt immer auch, sich im Spiegel zu betrachten und Feedbacks zu bekommen. Wie gehst du mit Kritik um? Und wie mit einer unbequemen Wahrheit, die du für dich selbst immer ausgeblendet hast? Resonanz ist hilfreich, gerade wenn es auf beiden Seiten nicht gefunkt hat. Warst du zu offensiv oder zu zurückhaltend? Gehst du zu hart mit dir selbst ins Gericht? Trauerst du immer noch einer Partnerschaft nach, ohne das selbst zu spüren, während dein Gegenüber das sofort merkt?

Die Suche nach deinem Schatz hilft dir, die Augen zu öffnen und dich selbst in einem anderen Licht zu sehen. Sie zeigt dir, wie wichtig es ist, aus einem ersten Treffen keinen Besitzanspruch abzuleiten – so schwer das manchmal auch ist, sobald sich dein Herzschlag beschleunigt. Liebe 4.0 macht es möglich, Menschen zu begegnen, die dir sonst niemals über den Weg laufen würden. Und sie wieder loszulassen, wenn es einfach nicht passt. Sie hält dir vor Augen, dass du langsam aber sicher wieder aufstehst, nachdem du hingefallen bist. Sie macht dich stark, weil sie dir Schwächen zeigt.

Zu den Phänomenen, die uns nicht nur bei Liebe 4.0 begleiten, gehört *Freundschaft plus*. Vielen Singles auf Schatzsuche bleibt die Kombination aus Partnerschaft und Affäre suspekt – gerade wenn es darum geht, sich zueinander zu bekennen. Das hat etwas von einer Pralinen-Schachtel: Man pickt sich immer nur das Beste raus und lässt den Rest liegen. Aber kommt es nicht auf alles an, wenn der Neustart glücken soll?

SIE HABEN IHR ZIEL ERREICHT: SCHATZSUCHER AUF DER ZIELGERADEN!

Ist das Internet wirklich der richtige Weg, um auf Dauer den passenden Partner zu finden? Oder habe ich als Schatzsucher jahrelang aufs falsche Pferd gesetzt? In der trügerischen Hoffnung, dass es online ein Happy End gibt? Fragen dieses Kalibers haben auch mich beschäftigt, als ich online war und immer mal wieder mit dem Gedanken gespielt habe, mich einfach schnell abzumelden, meine ständige Vertretung im

Netz zu schließen und den Botschafter nach fünf Jahren voller Höhen und Tiefen nun endgültig zurückzurufen.

Und dann bin ich eines Abends beim Stöbern im digitalen Blätterkatalog auf den Steckbrief einer bemerkenswerten Frau gar nicht weit weg gestoßen. Gerne draußen, so wie ich. Ernsthaft auf der Suche, so wie ich. Genervt von 0815-Zuschriften, so wie ich. In der Hoffnung auf etwas von Bestand. *So wie ich.* Lange Rede, kurzer Sinn: Ich habe ihr geschrieben. Spontan. Die Antwort hat nicht lange auf sich warten lassen. Im Anschluss daran haben wir zunächst gechattet, dann telefoniert und uns nach einer bezaubernden Audio-Nachricht von der Baustelle auf der A46 einfach mal getroffen. Ganz klassisch zum Spaziergang am See. Beim Abschied war uns beiden klar: Wir sehen uns wieder. Auf jeden Fall! Und was ich nach langer Wanderschaft kaum noch für möglich gehalten hatte, war auf einmal da: *Schatz gefunden!*

SUCHPROFIL LÖSCHEN. Wirklich schwer ist mir der Klick auf den Lösch-Button als Konsequenz daraus nicht gefallen. Obwohl ich mir in den Monaten zuvor eine Menge Gedanken dazu gemacht hatte. *Schaffst du das nach jahrelanger Suche überhaupt noch? Wird dir nicht etwas fehlen, wenn du abends deinen Rechner hochfährst?* Diese Fragen klingen im Rückblick vielleicht seltsam, aber sie haben sich mir auf den letzten Metern gestellt: Ich werde niemals hochrechnen, wie viele Stunden ich insgesamt im Netz damit verbracht habe, nach meinem Schatz zu suchen – mal traurig, mal fasziniert, mal neugierig, mal ernüchtert, mal happy, mal nachdenklich, mal geschockt, mal bewegt und manchmal auch einfach nur müde. Und in jedem Fall reicher an Erfahrung.

SUCHPROFIL LÖSCHEN? Streckenweise war das hier mein zweites Zuhause, ein Teil meines Tages – und wenn es auch nur darum ging, morgens nach dem Frühstück oder abends vor dem Schlafengehen kurz mal eben nachzuschauen, wer denn alles mein Profil im Netz besucht oder eine Nachricht für mich dagelassen hat. Das war wie der tägliche Griff zum Thriller. Der abendliche Aufstieg auf den Leuchtturm, nur um zu sehen, ob es in der Ferne vielleicht doch noch einen Lichtschein gibt, der meinem entspricht. Bevor ich mich dann wirklich in Wort und Bild von der Plattform gelöscht habe, gab es noch eine Nachricht zu schreiben. An eine Dame weiter weg, zu der ich in jenen Tagen ebenfalls Kontakt hatte, wenn auch nur an der Oberfläche: *Hallo! Ich will dir kurz sagen, dass ich hier von Bord gehe. Weil mir jemand begegnet ist, der mir den Grund gibt, mich abzumelden. Ich wünsche dir, dass du findest, wonach du suchst. Alles Gute!*

SUCHPROFIL GELÖSCHT! Nur ein paar Klicks, und dann war ich raus. Mit einem Mal. Die Systemfrage, warum ich mich aus dem Portal abmelde, habe ich ebenso wenig beantwortet wie die Frage, wer mir online unter Umständen sonst noch begegnet wäre am nächsten Tag, in der nächsten Woche und im nächsten Monat. *Ich habe gesucht, und ich habe gefunden. Punkt, aus und Ende.*

Ich kann mir denken, dass es nicht jedem leicht fällt, Nägel mit Köpfen zu machen – und sich auch aus der Welt der Chats zurückzuziehen, wie ich das im Nachgang getan habe. *Was ist eigentlich, wenn ich falsch liege? Was passiert, wenn ich mich trotz aller Gewissheit auf lange Sicht täusche? Und irgendwann wieder alleine bin, weil es am Ende doch nicht gepasst hat?* Da helfen nur Gegenfragen: Kannst du dich guten Gewissens noch im Spiegel betrachten, wenn du auf einer Plattform für Singles angemeldet bleibst, obwohl du längst am Ziel bist? Wenn du nicht mehr im Minutentakt auf dein Handy schaust, nur um zu sehen, ob sie sich per App gemeldet hat, damit du endlich Klarheit hast? Wenn du dich nicht länger einsam und allein nach dem kreisrunden Nachrichten-Symbol auf dem Smartphone-Display sehnst, nur um zu wissen, dass er dir ein paar Zeilen geschrieben hat? Kannst du deinem neuen Freund oder deiner neuen Freundin in die Augen schauen, wenn sie sich abgemeldet haben – und du dich nicht, weil du immer noch zögerst und glaubst, dass das noch nicht alles ist?

Spätestens dann spürst du ihn noch einmal und mit all seiner Macht – den Sog jenes Sprichworts, das die Faszination jeder Partnerbörse online wie offline auf den Punkt bringt. *Drum prüfe, wer sich ewig bindet, ob sich nicht noch was Besseres findet.* Dabei wissen wir am Ende dieser Reise: Suchen kann süchtig machen. Suchen kann zum Selbstzweck werden und zum Zeitvertreib, obwohl du längst gefunden hast. Die Versuchung ist groß und das Internet mit all seinen

Möglichkeiten nah. Für mich war eines immer klar: Der Weg ist das Ziel. Und am Ziel wartet der Weg. Ohne Display. Einfach so.

DAS LETZTE WORT: LIEBE 4.0 IM RÜCKSPIEGEL.

Der Kreis ist also geschlossen und das Ziel erreicht. Gelegentlich werde ich gefragt, mit welchem Funkspruch ich im Internet nach meiner großen Liebe gesucht und sie in digitalen Weiten schließlich gefunden habe. Hier ist er.

Hallo da draußen!

Hier schreibt jemand, der entspannt auf der Suche ist. Jemand, der nicht oberflächlich ist und der keine sinnfreien Grüße im Gästebuch hinterlässt. Jemand, der rechts ran fährt, um sich einen klasse Sonnenuntergang anzuschauen. Wenn du auch gerne draußen bist, eine romantische Ader hast, einen Neustart suchst und weißt, was du vom Leben willst, dann lies einfach weiter und melde dich. Du willst Nähe und Freiraum gleichermaßen? Miteinander wachsen und endlich wieder nach Hause kommen? Bist du hier auch auf der Suche nach etwas von

Bestand? Suchst du hier auch nach einem Grund, um dich abzumelden – und nicht, um immer weiter und weiter zu klicken? Suchst du hier auch die Nadel im Heuhaufen? The one to die for? Mit Humor, mit Leidenschaft, mit Selbstvertrauen, mit Respekt, mit Lebenserfahrung und mit Tiefgang? Bist du hier auch auf der Suche nach 100 Prozent – und nicht nach einer Notlösung?

Dann nimm dir zwei Minuten Zeit und schreibe mir ein paar Zeilen. Mach das aber bitte nur, wenn dein Herz wirklich frei ist. Und wenn du hier aufrichtig auf der Suche bist – gerne auch mit Kind oder Kindern. Mir einfach nur Likes oder Einzeiler zu schicken, reicht leider nicht. Stimmt die Chemie nach dieser Starthilfe hier, dann treffen wir uns einfach mal in Ruhe, jenseits aller Displays, auf einen Spaziergang oder auf einen Kaffee. Trau dich – und das bitte mit Foto. Mache ich ja auch.

Liebe ist alles.

ENDE DER ÜBERTRAGUNG.

DANKE!

Aus dem Thriller-Fach zu kommen, seit je her Schauergeschichten zu lieben und über einen Zeitraum von mehr als fünf Jahren an einem solchen Buch zu arbeiten, war eine echte Herausforderung. Deshalb danke ich allen, die *Schatz gesucht!* in dieser Form möglich gemacht, lektoriert und begleitet haben. Allen voran meinen Eltern, meiner Familie, meinen Freunden, dem Team bei Tredition natürlich – und meinem Sonnenschein, der mir hier draußen zeigt, wie schön es ist, nach vorne zu schauen. Ich danke meinen Testleserinnen und Testlesern quer durch den Garten. Sabine & Jörg Frielinghaus für das Artwork, Tobias Gerritzen für kollegialen Rat, Dieter Jaeschke für wertvolle Feedbacks auf den letzten Metern und Ralph Geyer für technische Unterstützung. *Everything counts!* Diese Zeilen schreibe ich in Erinnerung an meine Mutter. Sie wird sie im Himmel lesen und manches Mal schmunzeln. Da bin ich mir sicher.

DIE DUNKLEN SEITEN.
STEFAN MELNECZUK BEIM BLITZ VERLAG.

MARTERPFAHL
Thriller
ISBN 9-78-3-89840-011-4
288 Seiten, 12.95 Euro

RABENSTADT
Thriller
ISBN 978-3-89840-019-0
290 Seiten. 12.95 Euro

WALLENSTEIN
Thriller
ISBN 978-3-89840-409-9
315 Seiten, 12.95 Euro

THUNDER RISING
Thriller
ISBN 978-3-94650-250-0
244 Seiten, 14.95 Euro

GEISTERSTUNDEN
Short-Stories
ISBN 978-3-89840-284-2
350 Seiten, 17.95 Euro

SCHATTENLAND
Short-Stories
ISBN 978-3-89840-376-4
400 Seiten, 14.95 Euro

Erhältlich im Buchhandel vor Ort und online.
Please support your lokal book store!

PRESSESTIMMEN.

www.blitz-verlag.de
www.rabenstadt.de

Zeitfracht Medien GmbH
Ferdinand-Jühlke-Straße 7
99095 Erfurt, Deutschland
produktsicherheit@kolibri360.de